大学生

世界思想社編集部 編

勉強法がよくわかる!

学びのハンドブック

6訂版

世界思想社

新入生のみなさんへ

　この本は，新入生のみなさんが，大学生活にスムーズになじめるよう，手助けすることを目的として書かれました。

　大学では，時間割を自分で組み立てる必要があったり，ホームルームや決まった教室がなかったりと，高校までとは仕組みがかなり違います。勉強も「覚える」こと中心から，「考える」こと中心に変わります。そうすると当然，勉強の仕方も，これまでとは違うものになります。

　そこで，この本では，大学の仕組みや勉強の仕方について，「高校までとどう違うのか」という観点から紹介するよう心がけました。この本を読んでおけば，高校までの生活とのギャップに戸惑うことは少なくなるでしょう。

　大学での勉強の仕方を身につければ，これからの4年間はもちろん，社会に出てからも役立ちます。ほかにも，パソコンの使い方や基本的なマナーなど，大学生として知っておきたい基礎知識もまとめています。みなさんがこの本を卒業までに何度も読み返し，充実した学生生活を送られることを，心より願っています。

大学生に求められること

　大学は，時間割を自分で決めたり，レポート課題が多くなったりと，学校の仕組みや勉強の仕方の点で，高校までとは違うところがたくさんあります。ではなぜ，そのような違いがあるのでしょうか。その理由は，高校生と大学生の「呼ばれ方の違い」に見ることができます。中学・高校生は「生徒」と呼ばれますが，大学生になると「学生」と呼ばれますね。これは次のような違いを表しています。

　□ 高校生・大学生の呼ばれ方の違い

高 校		大 学
生 徒	呼ばれ方	学 生
教わる存在（受身）	こめられた意味	自ら学ぶ存在

　高校までの勉強は，教えてもらったことを覚えることが中心でしたから，受身の態度でもかまいませんでした。それに対して大学では，自分で問題を設定し，自分で調べ，自分なりの答えを出すことが求められます。その現れが，自分で時間割を決めることであり，自分なりの問題設定や主張が求められるレポート課題であるわけです。

 ## 「自ら学ぶ」ためのスタディ・スキル

　勉強に取り組む姿勢が変わりますから，当然，勉強の仕方も「自ら学ぶ」ためのものに変えなければいけません。この本では，大学生の「学問の技術（スタディ・スキル）」について学びますが，このスタディ・スキルが「自ら学ぶ」ためのものだということが分かっていれば，戸惑いも少ないでしょう。

　この「自ら学ぶ」ためのスタディ・スキルは，大学での4年間だけでなく，社会に出てからも求められるものです。しっかりと身につけてください。

第 I 部

大学生の
スタディ・スキルズ

8 　0章　はじめての大学生活

12　1章　ノートのとり方

20　2章　テキストの読み方①
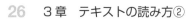
26　3章　テキストの読み方②

34　4章　レポートの書き方①

44　5章　レポートの書き方②

50　6章　資料の探し方
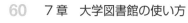
60　7章　大学図書館の使い方

70　8章　ゼミ発表の仕方①

78　9章　ゼミ発表の仕方②

86　10章　大学の試験と評価

第 II 部

大学生の ICT スキルズ

96　Word でレポートを作ろう
102　Excel で表やグラフを作ろう
108　PowerPoint で発表資料を作ろう
112　ネット上のコミュニケーション術

第 III 部

大学生の基礎知識

116　大学生活Q & A
122　大学生活は危険がいっぱい
124　大学用語集

ワークシートのご案内

下記のサイトから，テキストに対応した授業用
ワークシートをダウンロードしていただけます。
https://sekaishisosha.jp/news/n55271.html

第  部

大学生の
スタディ・スキルズ

0章 はじめての大学生活

大学生活のスタート

合格が決まってから大学の授業が本格的に始まるまでのスケジュールは，だいたいこのような流れです。

□ 入学初年次のスケジュールの例

～3月
合格！
入学手続き

4月
入学式
オリエンテーション ← 大学の仕組みやルールについて説明を受ける
健康診断
クラブ・サークルの勧誘
授業開始
履修登録 ← 受ける授業を登録

5月～
ようやく落ち着く…

オリエンテーションや履修登録など，あまり聞き慣れない言葉も見られますね。大学の仕組みは高校までと違うところがたくさんあります。どんなところが違うのか，見ていきましょう。

高校と大学の違い

✔ 時間割は自分で作る！

　高校と大学のいちばんの違いは，大学では「いろいろなことを自由に決められる」ということでしょう。たとえば，時間割です。大学では，受ける授業を自分で選んで，「自分だけの時間割」を作ります。学科や専攻が同じでも，人によって時間割が違うのが当たり前です。

次は外国語の授業…

✔ 大学にはホームルームがない！

　大学には，高校までのような決まったクラス（ホームルーム）がありません。高校では授業ごとに先生が教室に来てくれますが，大学では，学生が自分で決めた時間割に従って教室を移動します。

▶授業はいろいろな人と一緒
授業によっては他学部や他学年の人と一緒になることもあります。教室で座る席も基本的に自由です。

✔ 「自由」だけど「責任」も生まれる

　時間割などを自由に決められる反面，必要な授業の確認や受ける授業の登録（履修登録）などは，自分の責任でしなくてはいけません。大学では，何ごとにおいても自発性が求められるのです。

▶必要な情報は掲示板で
必要な情報は掲示板やインターネットで掲示されます。掲示の見落としとして不利益が生じても学生の責任とされるので，「大学に行ったらまず掲示板を見る」または，「インターネットの掲示サイトに必ずアクセスする」という習慣をつけましょう。

❏ 高校と大学の違い

高　校		大　学
クラスごとに時間割があり，受ける授業が決まっている。	時間割	受ける授業を自分で選んで登録し，自分だけの時間割を作る。
クラスごとに決まった教室があり，科目ごとに先生が教えに来る。	教室	自分で選んだ授業ごとに違う教室に移動する。
50 分	授業時間	90（～ 105）分

掲示は毎日確認！

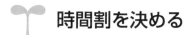

時間割を決める

授業は4年間で卒業に必要な**単位**▶を満たすように選びます。卒業に必要な単位は124が基本です。1科目2単位として，1年で36単位（1学期あたり18単位）の修得を目指すとすると，1学期あたり9科目程度を選択すればよいことになります。

✔ 必修科目から埋めてバランスよく

自分で選べるといっても，必ず履修しなければいけない科目（必修科目）もあります。ほかにも，**資格**▶を取るために必要な科目もあります。**シラバス**▶をよく読んで，必要な授業から時間割を埋めていき，それ以外の時間で受けられる授業を選んでいきます。

✔ 時間割を決めたら履修登録

受ける授業を決めたら登録が必要です。それが「履修登録」です。登録しなければ，単位は取得できません。履修登録は専用の用紙に書き込んで提出するか，インターネットを通じて行うのがふつうです。

✔ 大学の授業は予習・復習が前提

1単位は「45時間の学修を必要とする内容」と決められています。1学期で2単位の授業だと90時間です。1学期間の授業が15回なら，授業1回あたりは6時間です。多くの大学では，90分の授業を2時間と見なしますが，それを除いても4時間残ります。実はこの4時間は，自習です。大学では1回の授業につき，4時間の自習が求められているのです。この自習時間も考えて，あまり授業を詰め込みすぎないようにしましょう。

▶単位
授業を受けて試験に合格すれば，単位を取得できます。1年間を2学期に分ける場合，1学期間の授業で2単位（外国語やスポーツ実習などは1単位）が標準です。

▶大学で取れる資格
大学によって，所定の単位を修得することで，学校教諭免許や司書（図書館員の専門資格），学芸員（博物館や美術館での専門資格）などの資格が得られます。

▶シラバス
その年に開講される授業の内容や計画が詳しく載っているものです。

▶時間割の例

	月	火	水	木	金
1限	基礎ゼミ		フランス語II		
2限	英語I	フランス語I		入門	情報
3限	心理学	社会学	スポーツ	英語II	概論
4限		発達心理学	環境学		演習
5限	教職				

☐ 外国語科目（必修）
☐ 専門基礎科目（必修）
☐ 全学共通科目
☐ 教職科目（学校教諭免許取得のための科目）

いよいよ授業のスタート

✔ 大学は授業の形式もいろいろ

　大学の授業は，次の３つに分けられます。レポートやプレゼンテーションなど，高校までとは違う「学問の技術（スタディ・スキル）」が大切になってきます。

大学の授業形式

形式	規模	内　容
講義	大人数	先生が教壇に立って授業をする。1，2年次の全学共通科目に多い。 ⇨ノートのとり方（1章）
ゼミ （演習）	少人数	学生が調べてまとめたことを口頭発表し，それについてみんなで議論する。3，4年次の専門科目に多い。レポート課題もよく課される。 ⇨レポートの書き方（4・5章） ⇨ゼミ発表の仕方（8・9章）
実習 ・ 実験	少人数	実際に体験したり，仮説の検証のために調査や実験をしたりする。調査や実験の結果はレポートにまとめる。 ⇨レポートの書き方（4・5章）

講義

ゼミ

実習

　また，どの授業形式にもあてはまることですが，「専門的な文章」を読む機会が増えます。
⇨テキストの読み方（2・3章）

　次の章からは，新たに必要となる，これらの「スタディ・スキル」について，詳しく見ていきましょう。

高校とはノートのとり方が違う！

大学の授業形式▶のうち，「講義」は，先生が教壇に
立ち，黒板の前で授業を行うので，比較的高校までの授
業に近いように思えます。しかし，高校の授業と大学の
講義には次のような違いがあるので，ノートのとり方も
これまでと同じではうまくいきません。

▶大学の授業形式
①講義
②ゼミ（演習）
③実習・実験
の３つ。

高校の授業と大学の講義の違い

高　校		大　学
板書中心	進め方	話すこと中心
科目によって学習内容が決められている。教科書に沿って授業が行われる。	教科書	先生が独自に授業を考え，教科書▶も指定する。教科書に沿って授業を行うとは限らない。
大事なポイントは先生が黒板に書いてくれる。	黒板の使い方	使わない先生もいる。

▶大学の教科書
一般書店でも扱われている
学術書や入門書が，教科書
として指定されます。学生
は大学内の書店などに，自
分で買いにいきます。

> 大事なポイントは先生の
> 「話の中」に潜んでいる！

✔ 黒板を写すだけではダメ

　高校では，「先生が黒板に書いたとおりに」写すこと
が大切でした。大学では，そもそも先生が黒板を使わな
い場合もあります。先生の話を聞きながら，「自分でポ
イントを見つけて」書きとめていくことが必要なのです。

大学でのノートのとり方の基本

✔ 講義内容が思い出せるように

　ノートのとり方の基本は，先生の話す内容をその場でおおまかに理解し，ポイントを書きとめておくことです。あとで見返したときに，その講義の内容が思い出せるようなノートが理想的です。特に大事なポイントは，強調されたり繰り返し言われたりします。先生の話をよく聞きましょう。

▶講義プリントがある場合 講義プリントを配付して，それに沿って講義を行う授業もあります。その場合はプリントに書き足して，ノートを作りましょう。

✔ ノートの完成は講義のあとで

　講義内容を思い出せるように，といっても，先生の話をすべて書きとめる必要はありません。むしろ書くことに気をとられて理解がおろそかになってしまうと，いいノートにはなりません。あとでも調べられることは，とりあえずスペースを空けておいて，講義後に復習しながらノートを完成させていけばよいのです。

✔ 試験にも役立つノート作りを

　大学では，高校までとは試験の内容も変わりますが，講義の要点について問われることには変わりありません。
⇨大学の試験と評価（10章）
　大学の授業は教科書に沿って行われるとは限りませんから，その場合，試験前はノートだけがたよりになります。「自筆のノート持ち込み可」という試験すらあります。先生が強調していたことを思い出せるようなノート作りができていると，心強いでしょう。

ここが大事なところ…

ノートをとってみよう！

　「コミュニケーション学概論」という講義の様子です。実際にどんなふう
にノートをとったらいいか，見てみましょう。

　はい，じゃあ，始めましょう。先週配ったプリントは持っていますか？
先週は，切り口によってコミュニケーションがいろいろに分類できることを
確認しましたが，今日はまず，改めて，広い意味でコミュニケーションとは
何か，どういうふうに定義できるのか，というあたりから話を始めていきた
いと思います。

　コミュニケーションとは？　と聞いて，ぱっと思い浮かぶのは，伝えると
いう機能ではないでしょうか。けれども，コミュニケーションはそれだけじ
ゃない。伝えたあとどうなるか，ということまで視野に入っている。人に何
かを伝えたら，その人とその何かを分かち合うことができます。何かを**伝達
し，共有する**。でも一体，何をでしょう？

　受け渡しされるのは情報です。それらの情報は，心理的に意味のあるメッ
セージであり，感情…思考…知覚，といったものを含んでいます。

　それじゃあ，そういった情報はどのようにして伝えられるのかというと，
まさに今，私がしているように，言葉を使って，ということがまず考えられ
ます。けれども，必ずしも言葉にしないと感情や思考や知覚は伝わらないか，
といったらそうでもない。動物は，人間のような言葉は話さないけれども，
コミュニケーションしながら生きていますよね。そうすると人間も，言葉以
外の部分でコミュニケーションをしていることも，実は多いことに気づくで
しょう。

先生の板書とノートが
全然違うことを確認しよう。

先生の板書

ノートの例

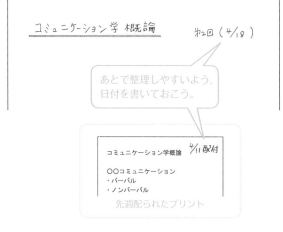

あとで整理しやすいよう,
日付を書いておこう。

何かを伝達し, 共有する

言葉を使っての**伝達や共有**のことを，バーバル・コミュニケーションといいます。バーバルは，言葉に関するという意味ですが，それに対して，先ほど言及した言葉を使わないコミュニケーションのことを，ノンバーバル・コミュニケーションといいます。

　ノンバーバル・コミュニケーションを人間に限定して考えた場合，言葉以外の何によって情報は伝わりうるか？　たとえば…動作？　たとえば…距離？　そうですね，親密だと近づいて，初対面だと少し離れて挨拶したりしますね。それから，うなずきや表情，まなざしといった要素も，言葉以外で**伝達や共有**を促すものの１つです。

　これらをまとめて，ノンバーバル・キューと呼びます。キューというのは聞き慣れないかもしれませんが，キューというのは，ヒントや手がかりということを指します。

　さて，ところで…この２つの図，どちらが魅力的だと思いますか？　何となく，似ていませんかね，何かに…。そう，そうですね。私たちの目，目に似ています。黒目の中のさらに黒い部分を，瞳孔…漢字で書くとこうですね…瞳孔といいますが，瞳孔は，興味をひかれるものを見たときに自然と大きくなります。かつて，ある研究者が，同じ女性の２枚の顔写真を用いて実験を行ったのですが，それらの写真を男性に見せるとですね，瞳孔の拡大しているものの方を男性は可愛らしいと思う，という結果が出たのです。

　現在では，瞳孔の拡大反応は，関心があるかないかを示すもので，好きか嫌いかということまでは反映しないのではないか，というのが一般的な見方です。ですから，たとえば，実際の現象として男性を見た女性の瞳孔がこんなふうに拡大していたとしても…恋心があるとは限りませんので注意してくださいね。

繰り返し言われることは、
重要ポイント！

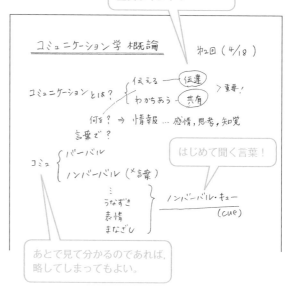

…と呼びます

あとで見て分かるのであれば、
略してしまってもよい。

はじめて聞く言葉！

どちらが魅力的…？

漢字で書くとこうですね

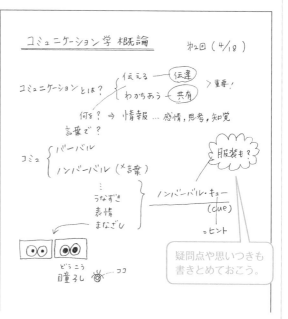

疑問点や思いつきも
書きとめておこう。

このように，ノンバーバル・コミュニケーションによって，人と人の間では，つくろうことのできない本心が，目や態度からこぼれていきます。このように，ノンバーバル・キューが本心を漏らしてしまうことを，モリスという学者は，非言語的漏えいと呼んでいます。

　まなざし以外の，ほかのノンバーバル・キューについても，少し考えてみましょう。

（中略）

　ああ，そうそう，この授業では6月末に，レポートを1本提出してもらう予定にしています。テーマは追って知らせますが，この講義の内容をふまえて書いてもらおうと思っているので，授業は毎回，しっかり聞いておいてください。

　そろそろ時間ですね。

　今日は**伝達と共有**という観点から，特に，言葉を用いないノンバーバル・コミュニケーションについて見てきました。次回は，言葉を用いようとするけれど，それがうまくいかないケース，吃音について考えてみたいと思っています。伊藤亜紗さんの著書に，どもる体というのがあります。余裕のある人はぜひ，読んでおいてください。

　はい，それではこの辺で。

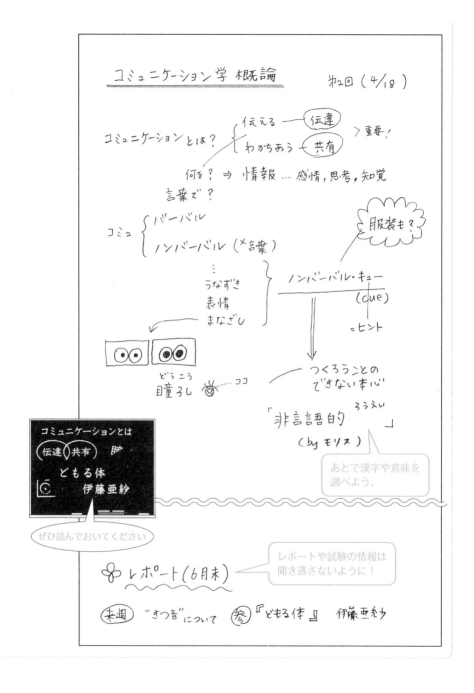

コミュニケーション学 概論　　　第2回 (4/18)

コミュニケーションとは？ { 伝える ── 伝達
　　　　　　　　　　　　 わかちあう ── 共有 　＞重要！

何を？ ⇒ 情報 … 感情, 思考, 知覚
言葉で？

コミュ { バーバル
　　　　ノンバーバル (✕言葉)

　　　　　ミ
　　　うなずき　　　ノンバーバル・キュー
　　　表情　　　　　　　　　　(cue)
　　　まなざし
　　　　　　　　　　　　　　　＝ヒント

服装も？

つくろうことの
できない本心

どうこう
瞳孔し　　ココ

「非言語的
　　　　　　　　　ろうえい
　　　　　　　　　　　 」
　　　(by モリス)

あとで漢字や意味を
調べよう。

コミュニケーションとは
伝達　共有　膀
どもる体
伊藤亜紗

ぜひ読んでおいてください

❀ レポート (6月末)

レポートや試験の情報は
聞き逃さないように！

来週　"きつ音"について　参 『どもる体』　伊藤亜紗

大学で読む文章

✔ 学術的な文章を自発的に読む

　大学では，レポートを書くとき▶やゼミ発表▶の準備
をするときに，学術的な文章や資料を読む必要がありま
す。また，大学の授業は，教科書も，学術書や専門分野
の入門書です。しかも，授業は教科書に対応して進むと
は限りません。ですから，大学生はふだんから学術的な
文章を，自発的に読むことが求められるのです。

▶レポートの書き方（4・
5章）
▶ゼミ発表の仕方（8・9
章）

❏ 高校と大学の教科書の違い

高　校		大　学
学校の授業専用	**教科書**	一般書店でも売られて いる学術書や入門書
学校で学習すべき内容 をまとめたもの	**内　容**	専門的な事柄の説明や 論証をしたもの
学習の到達目標		問題をより深く考える ための材料
教科書に対応して進む	**授　業**	教科書に対応して進む とは限らない

▶大学の授業
高校のように，科目ごとに
決まった学習内容があるわ
けではなく，先生が独自に
組み立てます。ですから，
教科書の使い方もさまざま
で，教科書のない授業もあ
ります。

✔ 学術的な文章はこわくない

　大学で読む学術的な文章とは，具体的には，「論文」，「専門書」，「研究・調査報告書」などです。これらの文章は，筆者の「主張」と，それを裏付ける「根拠」で成り立っています。また，一定の形式（ルール）に従って書かれているので，その形式を知っていれば，学術的な文章を読むのは，実はそんなに難しいことではありません。

✔ 学術的な文章の形式

　学術的な文章には，研究の成果をほかの研究者と共有するという目的があります。そのため，多くの場合，共通のルールに従って書かれています。そのルールの1つが，「序論」，「本論」，「結論」の3部構成です。この構成を意識して読むようにすれば，「筆者の言いたいこと（主張）」がよりはっきりと分かるようになります。

▶学術的な文章の特徴
抽象的な言葉が多い
問題を一般化するために，抽象的な言葉が多く使われます。
専門用語が使われる
すでに学問的定義が定まっている概念については専門用語が使われます。その概念を理解していることを前提に書かれているので，知らない場合は事典などで調べる必要があります。

❶序論	「どんな問題（問い）」について「どんな結論（主張）」を導くのかを予告する。
❷本論	なぜその結論（主張）が導かれるのかを，「根拠」を積み重ねて説明する。
❸結論	積み重ねた根拠から，問題に対してどんな結論（主張）が導かれたのかをまとめる。

文章を読む姿勢

✔ 本が正しいとは限らない!?

　高校では，教科書の内容が正しいかどうかを疑うこ
とはなかったと思います。しかし，大学では，本の内容が
正しいかどうか疑いながら読むことが求められます。

✔ 学術的な文章は１人の筆者の意見

　学術的な文章は，筆者の研究の経過や成果を記したも
のであり，その筆者（研究者）の意見（主張）にすぎま
せん。また，いまだに明らかな結論が出ていない（出せ
ない）問題を扱っていることもあるので，考え方によっ
ては別の結論になることもあるのです。

✔ 検証しながら読む

　そこで，学術的な文章を読むときには，筆者の主張を
正しく理解した上で，その主張が妥当かどうかを検証す
る読み方▶が必要になります。

▶批判的な読み
こうした読み方を「批判的
な読み（クリティカル・リ
ーディング）」といいます。

> 筆者の主張を正しく理解する。

 さらに…

> 筆者の主張やその根拠に対して
> ・その根拠からほんとうにその主張が導ける？
> ・ほかの条件でも，その主張は成り立つの？
> ・その根拠自体，ほんとうに正しいの？
> といった疑問を投げかけて，検証しながら読む。

場面に応じた文章の読み方

文章の読み方は1種類ではありません。場面に応じて，3種類の読み方を使い分けましょう。

予習するとき

教科書にさっと目を通す（⇨①下読み）
あとで授業を受けるので，あまり深入りする必要はありません。だいたいのイメージをつかむことができれば十分です。よく出てくる言葉や専門用語の意味が気になったら，**辞典や事典**▶で調べてみましょう。

▶辞典と事典
辞典
字句の意味や用法を解説した本。国語辞典，漢和辞典など。
事典
事柄について解説した本。百科事典，人名事典，各分野の専門事典など。
どちらも「じてん」なので，辞典を「ことばてん」，事典を「ことてん」と読んで区別することがあります。

復習するとき

教科書をじっくり読む（⇨②精読）
講義で聞いたことやノートをたよりに，1つずつ内容を確認し，理解していくことが大切です。分からないことがあれば，事典で調べたり，先生に尋ねたり，友だちと意見をかわしたりしましょう。

レポートを書くとき

調べたいテーマの情報を見つける（⇨③探し読み）
その文章がどんなテーマを扱っているのか，自分の求めている情報がありそうかを簡単にチェックします。
レポートに役立ちそうなところが見つかったら…
細かく，じっくり読む（⇨②精読）

✔ 読み方①　下読み

　文章の内容について推測しながら，ひとまず難しい言葉や知らない語句はあとまわしにして，読み進めます。その文章について，「だいたいどんな話か」，「筆者はどんな立場か（肯定的か，否定的か）」など，全体的なイメージをつかみます。

下読み

✔ 読み方②　精読

　内容のまとまりごとに，「序論⇨本論⇨結論」という構成を意識しながら，細かいところまでていねいに読みます。筆者の主張はたいてい「序論」と「結論」にあるので，特に文章の始めと終わりに注意しながら読みましょう。

⇨テキストの読み方②（3章）

精読

✔ 読み方③　探し読み（スキャニング）

　自分が求める情報を探しながら，文章全体にさっと目を通し，必要な部分だけをピックアップして読む方法です。たとえば，旅行に行くとき，「どんな観光スポットがあるか」，「宿泊の費用はどのくらいか」，「まわりにおいしい店はあるか」など，そのとき自分が求める情報をガイドブックから探して読み取っていませんか？　こうした読み方を，探し読みといいます。

探し読み

読み方のテクニック

✔ 「はじめに」をはじめに読もう

多くの本では，ページを開いてすぐに「**はじめに**▶」があります。その本の「テーマ」（何を扱っているか），「目的」（なぜそのテーマを取り上げたのか），「結論」などについて書かれているので，最初にしっかり読んでおきましょう。

▶はじめに
「序」，「はしがき」，「まえがき」などの場合もあります。
▶目次にも目を通そう
結論に向けてどのような流れになっているのかをつかむことができます。

✔ 目印をつける

読んでいて気になったところに「ふせん」を貼ったり，線を引いたりしておくと，読み返すときの目印になります。自分で考えたことも一緒にメモしておけば，読み返したときにすぐに思い出すことができて便利です。

メモもできる
大きなふせんが便利

✔ 索引を活用する

多くの学術書には，本の終わりに「**索引**▶」がついています。気になった語句が索引にあるか，確認してみましょう。複数の箇所で使われていれば，それだけ重要な語句であると考えられます。また，ほかの箇所での使われ方を見ることで，その語句の輪郭（イメージ）をより明確につかむことができます。

▶索引
本で出てきた語句を五十音順などに並べ，掲載ページを示したもの。「インデックス（index）」ともいいます。

✔ つなぎの表現に着目する

文章を読むときに，**接続詞**▶など「つなぎの表現」に着目すると，文と文のつながりがよく分かり，文章全体の構造もつかみやすくなります。

▶接続詞
「したがって」「それゆえ」（結論），「しかし」「だが」（反対），「つまり」「すなわち」（言い換え），「なぜなら」（理由），「一方」（対比）などがあります。

学術的な文章を読んでみよう

筆者の主張は何なのか，考えながら読んでみましょう。

地域のイメージから地域の理解へ

地域創生ビジネスでは，地域外の人々に向けて，地域の特性を繰り返しアピールする。観光産業であれば，世界遺産や国の重要文化財に登録されている文化施設，歴史的な街並み，その土地でしか口にできない食べ物などが，その地域ならではの魅力として，わかりやすくPRされる。地域には，誰もが思い浮かべる奈良のシカ，広島のもみじ饅頭などの定番のイメージがあり，**こうした**著名な地域イメージを実際に見たり聞いたりすることがその地を訪れる目的となることもあるだろう。

こうした事実に先立つ固定観念はステレオタイプと呼ばれる。国内外からの観光客が地域に足を運ぶきっかけとなるなど，ステレオタイプは，多くの人に地域に関心をもってもらう点では重要となろう。**しかし**，ステレオタイプには問題がある。強固になればなるほど，先入観から外れた出来事や物，事実に目が向かなくなり，根拠のない偏見や差別に結びつくこともある。**さらに問題**なのは，訪問者のみならず，地域に住む人々にも内面化され，認識のパターンを定着させることである。**たとえば**，地域の定番以外の魅力を見落としてしまいかねないし，まだ埋もれている地域の歴史や文化を掘り起こしていくような想像力が欠如してしまう。**では**私たちは，ど

ヒント
←タイトルをチェック

←「こうした」の内容は？

➡つなぎの表現を意識して，論の流れをおさえよう

➡自分の出身地域について，ステレオタイプなイメージと，自分が本当に魅力だと思う点を書き出してみよう

のようにステレオタイプに陥らずに身の回りの地域の特性を表し，伝えていくことができるのだろうか。

　「集合的記憶」を提起した M. アルヴァックスは，個人の思い出は単独では呼び起こされず，人々が所属する集団の存在があるからこそ喚起されると述べた。**一方で**集合的記憶は，集団の内側から形成されるもので，それを参照する個人によって支えられていることも指摘している。彼によれば集合的記憶は集団に所属する人によって再構成されつづけるものである（『集合的記憶』小関藤一郎訳，行路社，1989 年）。**つまり**，地域についての私たちの語りはこれからの集合的な記憶の形成にかかわっていくのである。

➡ほかの文献と筆者の主張の関係をおさえよう

　地域活性化の PR のために繰り返されるステレオタイプではなく，自分が主体的に地域のことを語ることは，地域の記憶を「誰か」の語りに委ねるのを止めることでもある。広島では被爆当事者が亡くなっていくなかで，原爆の記憶をいかに継承していくのかが大きな課題になっている。私たちが受け身の聞き手のままでは，地域の記憶は途絶えてしまうだろう。たとえば，語り部の話をただ聞いて終わらせるのではなく，その話を聞いたことから自分の考えたことや思いを言葉にして，友人や家族などに伝えることで，私たちは語り継ぐ主体となりうる。

　このように誰かの話に対して，共感や違和感を覚えたり，自分自身の経験を思い出したり，新たな発想を得たりと積極的に意味を見出し，その意味を言葉で表していく。その過程で深まるのは他者である地域の語り手やその語り手が語る過去の出来事への理解である。

土屋祐子「地域の記憶は誰のものか？―地域創生，ステレオタイプ，デジタルストーリーテリング」（石田佐恵子・岡井崇之編『基礎ゼミメディアスタディーズ』世界思想社，2020 年）より一部改変して掲載

第1段落の読解

> **読解のポイント①**
> 具体例を通じて，内容を正確に読み取ろう。

　地域創生ビジネスでは，<u>地域外の人々に向けて，地域の特性を繰り返しアピール</u>する。観光産業であれば，世界遺産や国の重要文化財に登録されている<u>文化施設，歴史的な街並み，その土地でしか口にできない食べ物など</u>が，その地域ならではの魅力として，わかりやすくPRされる。地域には，誰もが思い浮かべる<u>奈良のシカ，広島のもみじ饅頭などの定番のイメージ</u>があり，**こうした**<u>著名な地域イメージを実際に見たり聞いたりすることがその地を訪れる目的となる</u>こともあるだろう。

> 第1段落をまとめると
> 地域には，定番のイメージがあり，地域外の人々が訪れる目的となる。

地域外の人々に地域の特性をアピール

↓ 何を？

文化施設，街並み，食べ物など

（たとえば）奈良のシカ，広島のもみじ饅頭などの定番のイメージ

↓

こうしたイメージを実際に見たり聞いたりすることが，地域を訪れる目的となる

第２段落の読解

　こうした事実に先立つ固定観念はステレオタイプと呼ばれる。国内外からの観光客が地域に足を運ぶきっかけとなるなど，ステレオタイプは，多くの人に地域に関心をもってもらう点では重要となろう。**しかし**，ステレオタイプには問題がある。強固になればなるほど，先入観から外れた出来事や物，事実に目が向かなくなり，根拠のない偏見や差別に結びつくこともある。**さらに**問題なのは，訪問者のみならず，地域に住む人々にも内面化され，認識のパターンを定着させることである。**たとえば**，地域の定番以外の魅力を見落としてしまいかねないし，まだ埋もれている地域の歴史や文化を掘り起こしていくような想像力が欠如してしまう。**では**私たちは，どのようにステレオタイプに陥らずに身の回りの地域の特性を表し，伝えていくことができるのだろうか。

事実に先立つ固定観念はステレオタイプと呼ばれる

↓

多くの人に関心をもってもらう点では重要

しかし

↓

先入観から外れた事実に目が向かなくなり，偏見や差別に結びつく

さらに

↓

地域に住む人々にも認識のパターンを定着させる

たとえば

↓

定番以外の魅力を見落とし，歴史や文化を掘り起こす想像力が欠如する

では

↓

どのように地域の特性を表し，伝えられるのか

第２段落をまとめると
ステレオタイプは地域に関心をもつきっかけにはなるが，埋もれたものへの想像力を欠如させる。

第3段落の読解

読解のポイント③
根拠として示されるほかの文献が，筆者の主張とど
う関係しているかをおさえよう。

「集合的記憶」を提起した M. アルヴァックスは，個
人の思い出は単独では呼び起こされず，人々が所属する
集団の存在があるからこそ喚起されると述べた。**一方で**
集合的記憶は，集団の内側から形成されるもので，それ
を参照する個人によって支えられていることも指摘して
いる。彼によれば集合的記憶は集団に所属する人によっ
て再構成されつづけるものである（『集合的記憶』小関
藤一郎訳，行路社，1989 年）。**つまり**，地域について
の私たちの語りはこれからの集合的な記憶の形成にかか
わっていくのである。

アルヴァックスの主張
個人の思い出は集団の存
在があるから喚起される

↓ 一方で

集合的記憶は個人によっ
て支えられている

↓

集合的記憶は集団に所属
する人によって再構成さ
れつづける

↓ つまり

地域についての私たちの語
りはこれからの集合的記憶
の形成にかかわる

第3段落をまとめると
地域についての私たちの語りは，集団に所属する人
によって再構成されつづける「集合的記憶」の形成
にかかわる。

第４段落の読解

読解のポイント④
文中で対比が行われている場合は何と何が対立して
いるのかを理解し，筆者の立場を読み取ろう。
⇨直前までの段落も確認！

地域活性化のPRのために繰り返される①ステレオタイプではなく，自分が②主体的に地域のことを語ることは，地域の記憶を「誰か」の語りに委ねるのを止めることでもある。広島では被爆当事者が亡くなっていくなかで，原爆の記憶をいかに継承していくのかが大きな課題になっている。私たちが受け身の聞き手のままでは，地域の記憶は途絶えてしまうだろう。たとえば，語り部の話をただ聞いて終わらせるのではなく，その話を聞いたことから自分の考えたことや思いを言葉にして，友人や家族などに伝えることで，私たちは語り継ぐ主体となりうる。

①ステレオタイプ
　↕対比（…ではなく）
②主体的に地域を語ること
＝「誰か」の語りに委ねる
のを止めること
（筆者の考え）
第２段落で「ステレオタイプには問題がある」と書かれている

筆者は①ではなく②を支持し，②の具体例を以下に示している
広島の被爆者の死

受け身の聞き手のままでは，地域の記憶が途絶える

自分が聞いて考えたことを言葉にして伝えることで，語り継ぐ主体となりうる

第４段落をまとめると
地域の記憶について，語り部の話をただ聞いて終わらせるのではなく，聞いて考えたことを伝えることで，語り継ぐ主体となる。

最終段落の読解

> **読解のポイント⑤**
> 筆者が最終的に伝えたい結論を読み取ろう。

　このように誰かの話に対して，共感や違和感を覚えたり，自分自身の経験を思い出したり，新たな発想を得たりと積極的に意味を見出し，その意味を言葉で表していく。その過程で深まるのは他者である地域の語り手やその語り手が語る過去の出来事への理解である。

誰かの話に対して積極的に意味を見出し，言葉で表していく

他者や他者の語る過去の出来事への理解が深まる

> **最終段落をまとめると**
> 誰かの話に積極的に意味を見出し，言葉で表すことで，地域の語り手や過去への理解が深まる。

全体のまとめ

まとめのポイント

- **繰り返し出てきた言葉や話題**に着目。

  ⇨キーワードの可能性あり

- 筆者の問題提起と代替案を読み取ろう。

▶繰り返し出てきた言葉や話題
- 地域
- ステレオタイプ
- 集合的記憶
- 語り

など

文章全体をまとめると

地域には、定番のイメージがあり、地域外の人々が訪れる目的となる。 〔第1段落〕

⬇

ステレオタイプは地域に関心をもつきっかけにはなるが、埋もれたものへの想像力を欠如させる。 〔第2段落〕

> 地域イメージとその問題点

> 筆者の問題提起
> （序論）

地域についての私たちの語りは、集団に所属する人によって再構成されつづける「集合的記憶」の形成にかかわる。 〔第3段落〕

⬇

地域の記憶について、語り部の話をただ聞いて終わらせるのではなく、聞いて考えたことを伝えることで、語り継ぐ主体となる。 〔第4段落〕

> 根拠・代替案
> （本論）

⬇**このように**

誰かの話に積極的に意味を見出し、言葉で表すことで、地域の語り手や過去への理解が深まる。 〔最終段落〕

> まとめ
> （結論）

⬇

さらにまとめると（要約）

ステレオタイプな地域イメージは、埋もれたものへの想像力を欠如させるため、地域について主体的に語り継ぐことが必要である。誰かの話に積極的に意味を見出すことで、語り手や過去への理解が深まる。

レポートって何だろう？

　大学でのレポートとは，「根拠に基づいて主張を述べた文章」のことです。大学では，「〜について賛成か反対かを述べ，その理由を論じなさい」，「〜に関連して，2000字程度で自由に書きなさい」といったレポート課題が，さまざまな場面で出されます。

▶レポートとは…

主張を複数の根拠が支えます。

ゼミや講義の課題

長期休みの課題　**レポートが課される場面**

卒業論文

学期末試験として

✔ 感想文とレポートの違い

　大学のレポートは，小・中学校で書いたような感想文とは違います。「作文なら自信アリ！」という人も，次のような違いによく気をつけましょう。

▶調べ学習との違い
高校までの課題で，調べたことを「事実」としてまとめる「調べ学習」もありますが，大学のレポートでは，調べて分かった事実を「根拠」として，自分の意見を「主張」しなくてはなりません。

❑ 感想文とレポートの違い

感想文		レポート
感じたままを表現する	内容	「主張」とそれを支える「根拠」を述べる
書きたい順序で	構成	決まった形式に沿って
主観的・個人的に	視点	客観的・一般的に

✔ ルールさえ守れば誰にでも書ける！

　「レポートって何だか難しそう…」，「私に書けるかな…」と不安に思う人もいるかもしれませんが，心配はいりません。なぜなら，レポートは「ルール」さえしっかり守れば，誰にでも書けるものだからです。レポートには次の4つのルールがあります。

❑ レポートのルール

> **ルール①**　「主張」と「根拠」を示す
> **ルール②**　3部構成で組み立てる
> **ルール③**　「先行研究」をふまえる
> **ルール④**　決まった形式を守る

　この章では，これらのルールを学んでいきましょう。

ルール①
「主張」と「根拠」を示す

✔ 主張と根拠はセットで

　レポートでは，自分なりに調べたこと，考えたことを主張することが大切です。しかし，単に「実は〜なのだ」，「私はこう思う！」と言い張るだけでは，説得力がありません。その「主張」が正しい理由，すなわち「根拠」が示されていてはじめて，レポートは評価されます。

　たとえば，根拠を示すことなしに「沖縄は外食文化が発達している」と主張しても，「単なるイメージじゃないの？」と思われてしまうかもしれません。しかし，

> **例**　総務省統計局の『統計でみる都道府県のすがた2023』によれば，2016年度の沖縄県の人口千人あたりの飲食店数は6.86店で，全国平均の4.63店を上回り，47都道府県中1位の数である

などの根拠が示されると，主張に説得力が備わります。

✔ 「事実」と「先行研究」が根拠になる！

　主張を支える根拠として使えるのは，多くの人が正しいと認める客観的な「事実」です。「沖縄県の人口千人あたりの飲食店数は6.86店」のような統計資料も客観的な事実ですから，根拠になります。

　もう1つは，ほかの人の主張です。論文や本の形で発表されている研究成果を「先行研究」といいます。先行研究でなされている主張も，あなたの主張を支える根拠として使うことができます。「先行研究をふまえる」こともレポートのルールの1つです（➡ルール③）。

▶根拠として使えるもの

「事実」と「先行研究」が
根拠になります。

3部構成で組み立てる

✔ 「序論」,「本論」,「結論」の順番で

レポートの文章は,「序論」,「本論」,「結論」の3部構成で組み立てます。

❶序論	「どんな問題(問い)」について「どんな結論(主張)」を導くのかを予告する。
❷本論	なぜその結論(主張)が導かれるのかを,「根拠」を積み重ねて説明する。
❸結論	積み重ねた根拠から,問題に対してどんな結論(主張)が導かれたのかをまとめる。

✔ まず「結論」を述べる

「結論」はそのレポートでいちばん伝えたいこと,つまり「主張」です。結論は最後に述べるものと思うかもしれませんが,レポートではいきなり「❶序論」で予告してしまいます。推理小説でいえば最初から犯人を明かしてしまうようなものですが,先に結末を示しておいてから,「なぜそうなるのか?」を「❷本論」で明らかにしていくのがレポートの手法です。そして,「❸結論」でもう一度,「結論」と「結論に至るまでの過程」をおさらいします。

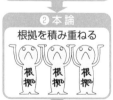

「先行研究」をふまえる

　レポートでは，これまでになされてきた主張，すなわち「先行研究」をふまえて，それに対して自分はどう考えるのかを示す必要があります。

✔ 「引用」をしよう

　先行研究をふまえたレポートにするには，本や論文から「引用」をします。つまり，ほかの人の言葉や文章を借りてくるのです。「レポートにほかの人の文章を載せてもいいの？」と意外に思うかもしれませんが，適切な引用は，そのテーマについてよく調べたことの証拠になるので，レポートの評価も高くなります。

✔ 自分の文章と他人の文章をはっきり区別する

　引用するときは，その部分がほかの人の文章であることを必ず示します▶。

> 例　言葉にされたもの以外にも，様々な情報が伝達されている。そもそも「言葉は多様であり一義的ではないので，情報としての意味が確実に伝達されることは難しい」（小泉・圓岡，2016，p.4）。

　ほかの人の文章は「　」でくくって区別します。元の文章と一字一句違ってはいけません。引用文を中略するときは「（中略）」などを入れましょう。「　」のあとには，著者名，発表（発行）年，ページなどを（　）でくくって示し，引用元が分かるようにします。
　引用が長くなる場合は「　」でくくらず，前後を1行ずつ空け，さらに引用文全体を2字下げて区別します。

▶盗用・剽窃（ひょうせつ）
ほかの人の文章であることを示さずにほかの人の文章を使うと，「盗用・剽窃」という不正行為と見なされ，厳しい処分の対象となるばかりか，著作権法違反で刑事罰の対象にもなります。

▶ねつ造・改ざん
実際にないことをあったように見せ，嘘の情報を作るのがねつ造です。改ざんは，調査データの中身を操作して都合よく変更することです。どちらも不正行為と見なされます。

決まった形式を守る

✔ 「である調」で，話し言葉は使わない

レポートでは，「です・ます調」ではなく，「である調」に統一します。話し言葉も使わないようにします。

> 例　〜です。⇨〜**である。**　〜でした。⇨〜**であった。**
> 〜します。⇨〜**する。**　〜しました。⇨〜**した。**
> でも⇨**しかし**　　　だって⇨**なぜなら**
> だから／なので⇨**したがって**

✔ 指定された体裁（ていさい）を守る

レポート課題では，「2000字程度」，「400字詰め原稿用紙で4枚」などの「分量」が指定されます。「2000字程度」であれば，プラス・マイナス10％の範囲内の1800〜2200字，「原稿用紙4枚」であれば，4枚目の半分以上は書くようにしましょう。

ほかにも，「横書き／縦書き」，「表紙の有無」，「文書作成ソフトの字詰め（1ページ〇字）」などが指定されることがあります。指定を守らないと，提出を受け付けてもらえないこともあるので，よく確認しましょう。

✔ 最初に「表題」，最後に「参考文献」

レポートには，3部構成のレポート本体のほかに，何を論じたものかを一言で表した「表題（タイトル）」を最初に，レポートを書く上で参照した本や論文をまとめた「参考文献」リストを最後につけます。

▶文章を続けすぎない
1つの文が長いと読みづらいので，接続詞を使って文を分けましょう。
「Aは〜であるが，Bは…である。」 ➡ 「Aは〜である。しかし，Bは…である。」
「Aは〜であり，Bは…である。」 ➡ 「Aは〜である。また（さらに），Bは…である。」
「Aは〜であるから，Bは…である。」 ➡ 「Aは〜である。したがって，Bは…である。」
「Aは〜であるが，それはBが…であるからだ。」 ➡ 「Aは〜である。なぜなら，Bが…であるからだ。」

✔ 「参考文献」リストの書き方

　「参考文献」リストでは，引用した文献や参考にした文献を，著者名の五十音順や発表（発行）年順にリストアップします。学問の分野によって，書き方に多少の違いはありますが，基本的には次のような情報を盛り込みます。

❏ 書籍（一般的な本）

著者名（発行年）『書名』（訳者名）出版社名

岡本真一郎（2016）『悪意の心理学——悪口，嘘，ヘイト・スピーチ』中公新書

❏ 雑誌に載っている論文

著者名（発行年）「論文名」『雑誌名』巻（号），掲載ページ

黒川雅幸・吉田俊和（2016）「大学新入生におけるLINE ネットワークと友人満足感および精神的健康との関連」『実験社会心理学研究』56（1），1-13

❏ ウェブに載っている記事

著者名（発表年）「記事名」取得日，URL

総務省統計局（2022）「令和 3 年社会生活基本調査　生活時間及び生活行動に関する結果　結果の概要」2023 年 12 月 12 日取得，https://www.stat.go.jp/data/shakai/2021/pdf/gaiyoua.pdf

❏ 新聞

『新聞名』（地域）発行年月日，朝刊／夕刊，面

『朝日新聞』（東京）2023 年 9 月 5 日，朝刊，3 面

▶「奥付」を確認しよう
書籍末尾の「奥付」には，書名，著者名（編著名），発行所，印刷所，発行年月日などが記載されているので，「参考文献」リストを書くときに参照しましょう。そのとき，「出版社名」は，印刷所ではなく，発行所を書きます。

▶新書や文庫の出版社名
新書や文庫の場合は慣例的に，出版社名ではなく，シリーズ名を書きます。

▶書籍に載っている論文
雑誌ではなく書籍に載っている論文の場合，雑誌名の代わりに編者名と書名，巻（号）の代わりに出版社名を書きます。
著者名（発行年）「論文名」編者名『書名』出版社名
松嶋健（2019）「ケアと共同性——個人主義を超えて」松村圭一郎・中川理・石井美保編『文化人類学の思考法』世界思想社

レポート仕上げのチェックポイント

ルール① 「主張」と「根拠」を示す

- ☑ 個人的な感想を述べただけになっていないか？
- ☑ 客観的な事実や先行研究が根拠として示されているか？

ルール② 3部構成で組み立てる

- ☑ 「序論⇨本論⇨結論」の構成になっているか？
- ☑ 序論で結論を予告しているか？

ルール③ 「先行研究」をふまえる

- ☑ 文献にあたるなどして，テーマについてよく調べたか？
- ☑ 「　」などで自分の文章と引用文を区別しているか？
- ☑ 引用文は元の文章と食い違っていないか？
- ☑ 引用文のあとに「著者名」,「発表年」,「ページ」などを示したか？

ルール④ 決まった形式を守る

- ☑ 「です・ます調」ではなく「である調」で書かれているか？
- ☑ 課題の指定（分量・書式・表紙の有無など）を守っているか？
- ☑ 内容にあった表題（タイトル）をつけたか？

参考文献

- ☑ 最後に「参考文献」リストをつけたか？
- ☑ 参考文献の書き方は適切か？
- ☑ リストは著者名の五十音順や発表（発行）年順になっているか？

提出のマナー

- ☑ 名前・学籍番号・所属・授業科目名などは書かれているか？
- ☑ 提出期限・提出方法を守っているか？
- ☑ 誤字脱字はないか？
- ☑ 手書きの場合，インク書き（ペンなど）になっているか？
- ☑ ページ番号は入っているか？
- ☑ ホッチキスで留めたか？（横書きの場合は左上1箇所）
- ☑ 手元に保管するためのコピーやファイルのバックアップをとったか？

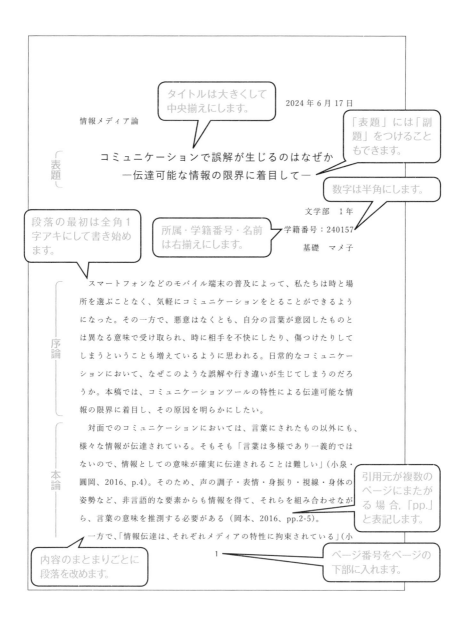

タイトルは大きくして中央揃えにします。

2024 年 6 月 17 日

「表題」には「副題」をつけることもできます。

情報メディア論

＜表題＞

コミュニケーションで誤解が生じるのはなぜか

―伝達可能な情報の限界に着目して―

数字は半角にします。

文学部　1 年

段落の最初は全角 1 字アキにして書き始めます。

所属・学籍番号・名前は右揃えにします。

学籍番号：240157

基礎　マメ子

＜序論＞

　スマートフォンなどのモバイル端末の普及によって、私たちは時と場所を選ぶことなく、気軽にコミュニケーションをとることができるようになった。その一方で、悪意はなくとも、自分の言葉が意図したものとは異なる意味で受け取られ、時に相手を不快にしたり、傷つけたりしてしまうということも増えているように思われる。日常的なコミュニケーションにおいて、なぜこのような誤解や行き違いが生じてしまうのだろうか。本稿では、コミュニケーションツールの特性による伝達可能な情報の限界に着目し、その原因を明らかにしたい。

＜本論＞

　対面でのコミュニケーションにおいては、言葉にされたもの以外にも、様々な情報が伝達されている。そもそも「言葉は多様であり一義的ではないので、情報としての意味が確実に伝達されることは難しい」（小泉・圓岡、2016、p.4）。そのため、声の調子・表情・身振り・視線・身体の姿勢など、非言語的な要素からも情報を得て、それらを組み合わせながら、言葉の意味を推測する必要がある（岡本、2016、pp.2-5）。

　一方で、「情報伝達は、それぞれメディアの特性に拘束されている」（小

引用元が複数のページにまたがる場合、「pp.」と表記します。

内容のまとまりごとに段落を改めます。

ページ番号をページの下部に入れます。

1

泉・圓岡、2016、p.5)。言い換えれば、それぞれのコミュニケーション

ツールの特性によって、伝達可能な情報の種類は限られているのである。

たとえば電話の場合、声の調子や抑揚を聞き取ることはできるが、非対

面であるため、相手の表情やしぐさを見ることはできない。あるいはメ

ールの場合、文字によるコミュニケーションであるため、先に見た非言

語的な情報はほとんど伝達できない。「LINE」などのインスタント・メ

ッセンジャー[1]の場合でも、その点は同様である。

　以上をふまえると、ツールを用いたコミュニケーションにおいては、

ごく限られた情報に基づく推測しか行えず、言葉の意味が誤って解釈さ

れる可能性が高くなると考えられる。対面であれば、私たちは相手の反

応を見ることで、自分の視点と他者の視点のずれを調整し、誤解を修正

することもできる（岡本、2016、pp.49-51）。しかし、やり取りできる情

報が限られてしまえば、そうした確認・修正の精度も低くなるだろう。

　このように、私たちが日常的に用いているコミュニケーションツール

は、ごく限られた情報しか伝達できないものである。そのため、誤解や

行き違いを誘発しやすく、修正もしづらいのだと筆者は考える。

参考文献

・岡本真一郎（2016）『悪意の心理学――悪口、嘘、ヘイト・スピーチ』

　中公新書

・小泉宣夫・圓岡偉男（2016）『情報メディア論――テクノロジー・サー

　ビス・社会』講談社

[1] インターネットを通じてオンライン状態をつくり、リアルタイムでメッセージ
をやり取りするしくみ。電話とメールの中間のような位置づけにある（小泉・圓
岡、2016、p.74）。

2

本論

結論

参考文献

注

（吹き出し）
アルファベットは半角にします。

補足しておきたい語句や文に、注番号を挿入します。

一人称は「私」ではなく「筆者」と書きます。

本文の流れからそれる補足は、「注」で説明します。

5章 レポートの書き方②

レポート作成の実際

✔ レポート作成の手順

　レポート課題が出されたら，次のような手順で作成していきます。本を読んで，書く内容を固めるだけでも，かなりの時間がかかるので，早めに取りかかりましょう。

レポート作成の手順

①何を取り上げるかを決める

②本を読んで情報を集める

③疑問や発見から「問い」をたてる

④「問い」の答えとなる「主張」を予想する

⑤「主張」を裏付ける「根拠」を集め，主張を決定する

⑥レポートの構成を考える

⑦執筆・**推敲**する

⑧提出前の確認

▶推敲
文章をよく吟味して練り上げること。

レポートを書いてみよう

マメ子さん，ノリ太さんのレポート作成の様子を見てみましょう。

❶何を取り上げるかを決める

「身近なメディア」を題材にして，それが私たちのコミュニケーションに及ぼす影響について論じたレポートを提出してもらいます。

与えられた課題では，「どのメディア」を題材にするかが決められていません。情報を集める前に，何について書くのか，大まかな方向性を決めましょう。

授業を振り返ってみましょう。

いろいろ あったなぁ…

マメ子さん

まわりを見回してみましょう。

一番身近なメディア
「スマホ」
SNSって楽しいな
スマホ依存症よ マメ子!!

「スマートフォン」を取り上げるのはどうかな？

ノリ太さん

専門書

いきなり専門書⁉

❷本を読んで情報を集める

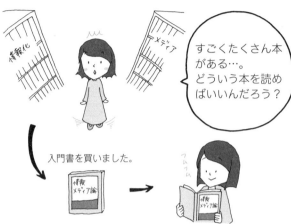

最初の1冊は，比較的短時間で基本的な知識を得られる「入門書」や「新書」がおすすめです。巻末に「参考文献」がついていれば，より詳しい本を探すときの手がかりになります。

インターネットは情報が整理されておらず，信頼性の低い情報もまじっています。情報が整理された本を足がかりにする方が確実です。

❸疑問や発見から「問い」をたてる

疑問に思ったところや発見したことをメモしながら読み，そこから自分なりの「問い」を設定しましょう。「問い」はあなたの問題意識であり，レポートの核になります。

❹ 「問い」の答えとなる「主張」を予想する

「問い」をたてたら，その答えを考えましょう。その答えが「主張」となります。最初は「○○だからじゃないかな」ぐらいの漠然としたものでかまいません。

電話やチャット・でやりとりするときって，直接会って話すのとはだいぶ違うよね…。

どんなツールを使用するかによって，やりとりできる情報が違うのかな。伝えたと思っていることが実際には伝わっていないのはこのせい？

「主張」の予想

❺ 「主張」を裏付ける「根拠」を集め，主張を決定する

ほかの本や論文などの資料にあたって根拠を集めながら，漠然とした主張を，はっきりした主張にしていきます。

コミュニケーションでは…

2冊目の本

誰かに何かを伝える際，自分の視点と他者の視点のずれを調整する必要がある

でも

相手の表情が分からないと，その「ずれ」に気づけない！

ごく限られた情報でコミュニケーションをしているんだ！

主張に根拠がないと感想文にしかなりません。

コミュニケーションツールに応じて，伝えられる情報量はそれぞれ違う！

そのことに無自覚だと，誤解を招いてしまったり，誤解を修正できなかったりするんだ。

「主張」決定！

❻レポートの構成を考える

「問い」から「主張（結論）」を導き出せたら，「根拠」とあわせて３部構成で組み立てていきます。

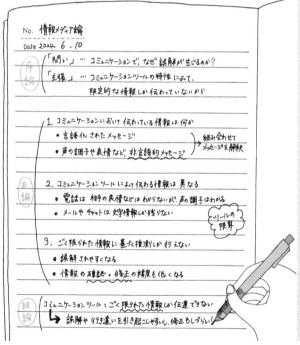

No. 情報メディア論
Date 2024. 6. 10

序論
「問い」… コミュニケーションで，なぜ誤解が生じるのか？
「主張」… コミュニケーションツールの特性によって，限定的な情報しか伝わっていないから

本論
1. コミュニケーションにおいて伝わっている情報は何か
 ・言語化されたメッセージ
 ・声の調子や表情など，非言語的メッセージ → 組み合わせてメッセージを解釈

2. コミュニケーションツールによって伝わる情報は異なる
 ・電話は相手の表情などはわからないが，声の調子はわかる
 ・メールやチャットは文字情報しか残らない → ツールの限界

3. ごく限られた情報に基づく推測しか行えない
 ・誤解されやすくなる
 ・情報の確認や修正の精度も低くなる

結論
コミュニケーションツール：ごく限られた情報しか伝達できない
 → 誤解や行き違いを引き起こしやすいし，修正もしづらい

そもそも ネットの起源とは…

書いてみたものの…

何を どの順で書くのか わからないや…

書く前に構成をしっかり考えた方が，時間の節約になります。

❼執筆・推敲する

分量や書式など，課題の指定を満たすように書き上げます。書けたら自分で読み返したり，先生や友だちに読んでもらったりして，分かりにくいところやおかしいところを直していきます。

このままじゃ
まにあわないぞ

❽提出前の確認

ページ番号をふったか，名前や学籍番号を書いたかどうかなど，細かいところまでもう一度確認します。

あとは提出するだけ…。

プリンターが
動かないよ——!!!!
ギリギリだっ

ガンガン

後日…

資料をよく調べて先行研究をふまえつつも，マメ子さん独自の「主張」がなされていて，「根拠」も示すことができています。

インターネットの起源と「ネットいじめ」との関連が示せていませんし，「ネットいじめが悪いことだ」という「根拠」も不十分です。

6章 資料の探し方

🔍 資料とは？

✓ 大学の勉強は資料探しがカギ

　レポートや，あとで見るゼミ発表▶では，自分の主張の根拠となる材料を集めますが，その材料のことを「資料」といいます。レポートや発表が説得力のあるものになるかどうかは，資料探しにかかっています。

▶ゼミ発表の仕方(8・9章)

✓ いろいろな場面での資料の使い分け

　資料といっても，本や論文，統計資料など，いろいろな種類があります。場面に応じて，うまく使い分けましょう。レポートを書くときであれば，次のようになります。

❏ 資料の種類と使い分け（レポートを書くとき）

場面	使える資料	探す場所
テーマの輪郭をとらえる	① 本を探す	・図書館 ・書店 ・インターネット
根拠となる「先行研究」を探す	① 本を探す ② 雑誌論文を探す	・インターネット ・図書館
根拠となる「事実」を探す	③ 新聞記事を探す ④ 統計資料を探す	・図書館 ・インターネット ・インターネット ・図書館

使える資料①
「本」を探す

✔ 入門書や新書でテーマの輪郭をつかむ

　レポートで大まかなテーマが与えられた場合，まず，そのテーマの基本的な知識や，問題にされていることを把握しましょう。このとき役に立つのが，『○○入門』や『○○を学ぶ人のために』といった入門書です。テーマの全体像がつかめ，興味のある分野を絞り込むことができます。安価で購入しやすく読みやすい，「新書」もおすすめです。

✔ 大学図書館で本を探す

　大学図書館は，その大学の研究分野にあった本をたくさんそろえています。ですから，いちばん効率よく資料を探すことができます。大学図書館での資料の探し方は，大学図書館の使い方（7章）で詳しく説明します。

✔ 書店で本を探す

　書店にはさまざまな本がありますが，研究のための本よりも，読みものとしての本が中心になっています。とはいえ，大型書店は入門書も学術書もたくさんそろえています。また，書店に並んでいる本の多くは，最近，刊行されたものです。新しい話題を取り上げるときは，書店で本を探すといいでしょう。

▶大学図書館
専門分野の本を新旧取りそろえています。

ズラー

▶書店
最近話題になったテーマの本も見つかります。

▶オンライン書店
インターネットで本を注文できるサービス。膨大なデータベースからキーワードで本を探すことができます。Amazon.co.jp，楽天ブックスなど。

✔ 書店の歩き方

　大きな書店では，本が分野ごとに並べられています。まずは調べたいテーマの本がどこにありそうか，案内図で確認しましょう。**学術書**▶は一般的に，「人文科学」，「社会科学」，「自然科学」に大きく分けられます。書店の人に，「○○についての本はどこにありますか？」と尋ねてもいいでしょう。店内に検索機があれば，キーワードで検索して棚番号を確認してから探すことも可能です。

▶学術書
学問的な内容を書いた本。1冊の本を複数の専門家が執筆することも多く，そうした本は共著や編著と呼ばれます。編著の場合は，編著名が表紙や奥付に記載されます。

書店での分類例

人文科学	哲学，文学，教育学，歴史学，心理学など
社会科学	法律学，経済学，経営学，政治学，社会学など
自然科学	工学，理学，農学，生物学，医学など

✔ 新書は「新書コーナー」へ！

　新書▶は，最近の話題が分かりやすくコンパクトにまとめられているので，おすすめです。ただし，内容はいろいろで，入門的なものもあれば学術書に近いものもあり，日常生活に役立つ実用書やビジネス書的な内容のものもあります。また，新書専用のコーナーに出版社別に置かれていることが多いので，分野で探すのは難しいかもしれません。タイトルで目星をつけて，本の最後の方に**参考文献**▶が載っているものを選ぶとよいでしょう。参考文献は，学術的に書かれたあかしであり，さらに詳しく知りたいときのブックガイドにもなります。

▶新書
小さいサイズの教養・実用書。岩波新書，中公新書，講談社現代新書，ちくま新書など，多くの出版社が出しています。

▶参考文献
「参照文献」「引用文献」などとしている場合もあります。著者が本を書くときに参考にした資料のリスト。

▶定番書
その分野の代表的な本。同分野の複数の資料で参考文献に挙がっていれば，それが定番書だと分かります。

使える資料②
「雑誌論文」を探す

✔ 知りたいテーマの最新の話題が分かる

雑誌論文とは，専門的な**学術雑誌**▶に掲載されている論文のことです。学術雑誌は，そのテーマの最新の話題がコンパクトにまとまっています。テーマが絞り込まれているので，自分のレポートのテーマに関連した先行研究が見つかるはずです。上手に活用しましょう。

✔ テーマをキーワードにして探す

インターネット上のデータベースを利用すれば，テーマをキーワードにして雑誌論文を探すことができます。次の2つのデータベースは無料で閲覧できます。

⇨ 国立国会図書館サーチで雑誌論文を探す
⇨ CiNii Research で雑誌論文を探す
　　サイニィ　リサーチ

✔ 国立国会図書館サーチで雑誌論文を探す

国立国会図書館サーチ（NDL SEARCH）には，「記事・論文」で検索できる機能があり，論文のタイトルや著者名で検索することができます。

アクセス▶ https://ndlsearch.ndl.go.jp/

▶学術雑誌
学問分野ごとにある学会が発行する学会誌や，大学が発行する紀要なども学術雑誌の1つです。一般の書店では売っていないものもたくさんあります。また，インターネット上で読むことができる電子ジャーナルもあります。

▶有料データベース
MagazinePlus（日外アソシエーツ）は有料ですが，多くの大学が契約していて利用することができます。

国立国会図書館サーチ

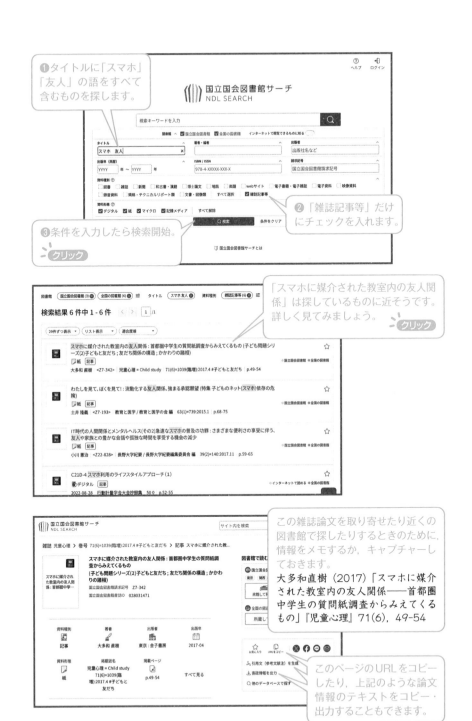

❶タイトルに「スマホ」「友人」の語をすべて含むものを探します。

❷「雑誌記事等」だけにチェックを入れます。

❸条件を入力したら検索開始。

クリック

「スマホに媒介された教室内の友人関係」は探しているものに近そうです。詳しく見てみましょう。

クリック

この雑誌論文を取り寄せたり近くの図書館で探したりするときのために，情報をメモするか，キャプチャーしておきます。

大多和直樹（2017）「スマホに媒介された教室内の友人関係——首都圏中学生の質問紙調査からみえてくるもの」『児童心理』71(6)，49-54

このページのURLをコピーしたり，上記のような論文情報のテキストをコピー・出力することもできます。

✔ CiNii Research で雑誌論文を探す

　CiNii Research は，さまざまな学術情報を検索できる
サービスで，「論文」のタブから学会誌や研究紀要などの
論文データベースを横断検索できます。論文によっては
全文が無料で読めるものや，提供サイトへのリンクが表
示されているものもあります。

 https://cir.nii.ac.jp/

CiNii Research

「詳細検索」を開くと，いろいろな
条件を組み合わせて検索できます。

「論文」タブを選択して
おくと，検索結果に論文
だけが現れます。

▶そのほかのサービス
IRDB（学術機関リポジト
リデータベース）
大学などの研究機関の多く
は，学術論文などを電子デ
ータで蓄積し，インターネ
ットで公開しています（機
関リポジトリ）。IRDB は
機関ごとに公開されている
それらの論文を，横断して
検索することができます。
https://irdb.nii.ac.jp/

✔ 読みたい雑誌論文が見つかったら

　国立国会図書館サーチや CiNii Research で見つけた
雑誌を入手したい場合や，入門書に引用されていた雑誌
論文を読みたいときは，自分の大学図書館にその雑誌が
所蔵されているか，大学の OPAC で検索してみましょう。
⇨大学図書館の使い方（7 章）

　大学図書館に雑誌がない場合，申し込めば取り寄せて
もらうことができます。また，直接，国会図書館に行っ
て閲覧したり，有料でコピーを郵送してもらったりする
ことも可能です。

使える資料③ 「新聞記事」を探す

✔ 新しい情報が得られる

　新聞▸は，事件や政治はもちろん，流行から科学技術まで，幅広い分野の最新情報を日々提供しています。今起こっている出来事に関する最新情報を得ることができ，現代の時事問題について調べたいときに便利です。

▸新聞
新聞には朝日・毎日・読売といった全国紙以外にも，地方紙や，金融・農業といった業界紙があります。大学図書館ではこれらのほか，海外の新聞も読むことができます。

✔ 歴史的資料としても使える

　新聞からは最新の情報を得られるだけではありません。あるテーマについて過去の記事をさかのぼることで，問題発生の背景を探ったり，社会の移り変わりを調べたりできるので，歴史的資料としても有用です。たとえば，「スマホ」という言葉がいつごろから新聞記事に登場したのか，といったことを調べることができます。

✔ 大学図書館で読む

　大学図書館では複数の新聞を，一定期間，保管しています。ほかにも，大手の新聞には**記事データベース**▸や**縮刷版**▸があり，数十年前の古い記事を読むことができます。とくに，インターネットで検索できる記事データベースは，目当ての記事に容易にアクセスでき便利です。

▸記事データベース
朝日新聞の「クロスサーチ」，毎日新聞の「毎索」，読売新聞の「ヨミダス歴史館」など。

▸縮刷版
各社ひと月分の新聞を本の形にまとめたもの。記事のジャンル別索引がついているので，テーマを設定しての記事探しに便利です。

✔ 新聞記事は客観的な情報とは限らない

　新聞記事は中立で，客観的な事実を伝えていると思われがちですが，実はそうとは限りません。記事には記者や新聞社の視点が反映されるので，情報に偏りがあることもあります。複数の新聞を読み比べてみて，視点の違いを確かめてみるのもおもしろいでしょう。

▸メディア・リテラシー
新聞・テレビ・雑誌などのマス・メディアが発信する情報には何らかの偏りがあることを理解し，批判的に読み取る能力のこと。インターネット上の情報を見るときも，この能力が求められます。

🔍 使える資料④ 「統計資料」を探す

✓ 説得力のある根拠になる客観的な「事実」

「事実」が数字ではっきり示されるのが，統計資料です。各省庁や政府などの公的機関が行う調査や統計のデータは，レポートで説得力のある根拠になります。

✓ 総務省統計局のサイトが便利！

総務省統計局では，人口，経済，社会，文化など，さまざまな分野の統計データをインターネット上に公開しています。

アクセス https://www.stat.go.jp/

総務省統計局

「政府の総合統計書」の中にある「日本統計年鑑」や「日本の統計」には，基本的な統計がまとめられていて便利です。

▶その他の統計資料
WHO（世界保健機関）やILO（国際労働機関）のような国際機関，また県や市などの地方自治体も，統計や調査をインターネットで公開しています。GoogleやYahoo! などの検索サイトで検索してみましょう。

インターネット上の情報の利用

✔ インターネット上の情報は要注意！

インターネット上の情報の特徴は，誰もが手軽に情報を発信したり，受信したりできることです。その結果，身元の分からない情報や十分に吟味されていない情報が溢れ，また一旦アップされた情報がすぐに拡散したり，更新されたりすることになります。インターネット上の情報を調べるときには，こうした特徴をふまえて情報を吟味する必要があります。

✔ ウィキペディアに依存しない

ウィキペディアは，誰もが随時書き換えることのできる，インターネット上のフリー百科事典です。大まかな知識を得たいとき，手軽に使用できる便利なサイトですが，情報の正確さや偏り，匿名性の問題もよく指摘されます。ウィキペディアでのみ知識を得ようとすることは避け，必ず別の資料にもあたることを心がけましょう。
⇨百科事典・専門事典を活用しよう（p. 69）

✔ 信頼できる根拠を見つける

インターネット上にあるのは，信頼性の低い情報ばかりではありません。政府や地方公共団体，研究機関や報道機関など社会的役割が明瞭な機関が発表する**白書**や統計データは，レポートで根拠として利用することができます。ただしそのほかの情報は，そのまま利用するのではなく，本などで裏付けをとるようにしましょう。

▶情報の信頼性
どんな人や組織が発しeている情報か，情報の中身がどのように裏付けられているか，ということで信頼性を測ります。

▶白書
各省庁が社会の実態や施策の現状について国民に知らせるための報告書。インターネットでも見ることができます。
https://www.e-gov.go.jp/about-government/white-papers.html

✔ 「更新」に備える

　インターネット上の情報は簡単に更新できます。間違いの修正，特定の情報の削除や移動はもちろん，サイト自体がなくなり**あとから確認できなくなる**▶こともあります。一度世に出た印刷物を，回収して変更することはほぼ不可能ですが，インターネットは管理者の意思で変更できてしまいます。情報を入手したときは，必ずURLとアクセス日を情報の中身とともに保存しておきましょう。

▶あとから確認できなくなる
レポートの根拠として取り上げる情報は，できるだけ誰もがあとから確認できる資料を使用するのがよいでしょう。

✔ 情報を使ったら出典を明示する

　インターネット上の情報をレポートなどに引用したら，必ず**出典**▶を示します。読者が追跡できるように，そのウェブページのURLと，アクセス日を明示します。

▶出典
引用された文章・語句の出所。

> 2002年度におよそ8000万だった携帯電話・PHSの契約数は，2022年度には2億1000万を上回った（総務省情報通信統計データベース「携帯・PHSの加入契約数の推移」https://www.soumu.go.jp/johotsusintokei/field/data/gt01020101.xls, 2023年11月21日閲覧）。

✔ 著作権を意識しよう

　インターネット上の文章や写真にも，本と同じように**著作権**▶が適用されます。適切な引用は法律で認められていますが，**引用のルール**▶を守らないと著作権法違反になります。インターネット上の情報は簡単にコピーできてしまうので，特に意識するようにしましょう。

▶著作権
文章などの創作物に発生する権利。ルールを守らずに使用すると，著作権の侵害になります。
▶引用のルール
①報道や研究などの目的に必要な範囲のみ
②出典を明示する
③「　」でくくって自分の文章と区別する
④内容的にも分量的にも，自分の文章が主で引用文は従（引用が多すぎると×）

🔍 大学図書館とは

✔ まちの図書館と大学図書館の違い

　大学には附属の図書館があります。みなさんが今まで使ってきたまちの図書館や高校の図書室と同じように，本を借りたり**閲覧**したりすることができます。大学での学習や研究のための図書館なので，まちの図書館と比べて，学術書や専門書が充実しています。

▶閲覧
本などを調べたり読んだりすること。

❏ まちの図書館と大学図書館の違い

まちの図書館		大学図書館
近隣の住民	**利用者**	学生や教員
住民のニーズに応える幅広いジャンル。趣味や娯楽の本も多い。	**蔵書**	その大学での学習・研究に必要な学術書や専門書。

▶蔵書
所蔵している本のこと。

✔ 大学での学習には不可欠！

　大学図書館は，その大学での学習や研究に必要な学術書や専門書をそろえているので，とても便利です。調べ物をするときにも，レポートを書くときにも，そしてちょっとした息抜きにも，大学図書館へ行ってみましょう。

▶図書館利用のマナー
×借りた本を人に貸す
×本に書き込みをする
×館内で食べる
×館内でうるさくする

大学図書館での本の探し方

✔ ４つの探し方を組み合わせて使おう

図書館で本を探すというと，**書架**がずらりと並んだ 館内を歩いて，気になったタイトルの本を引っ張り出す，というイメージがあるかもしれません。もちろん，大学図書館でもそういった探し方はできますが，それだけでは求める本すべてには出あえません。大学図書館での本の探し方には，次の４つがあります。それぞれよい面があるので，４つを組み合わせて使うことが大切です。

▶書架
本棚のこと。

🔲 大学図書館での４つの本の探し方

探し方❶
書架を見て探す

その場で見られる

・テーマを決める手がかりがほしい

探し方❷
インターネットで探す

対象が広い

・見たい本が決まっている
・対象を広げて探す

・テーマが決まっている
・先行研究が進んでいる

・探し方が分からない
・その他

関連書を一覧できる

何でも相談できる

探し方❸
目録・書誌で探す

探し方❹
レファレンスサービス

🔍 探し方①
書架を見て探す

✔ 図書館を歩いてみよう

　閲覧室では，書架の本を手に取って読むことができます。自分に合った本を吟味できるので，最初の1冊を探すのに向いています。

✔ 図書館歩きのコツは分類を意識すること！

　図書館の本は，ジャンルごとに数字で分類され，並べられています。あるテーマに関する本を探すときは，まず，館内の案内図でそのテーマを含むジャンルの数字を確認し，その数字のついた書架を探します。

❑「心理学」の本を探す場合

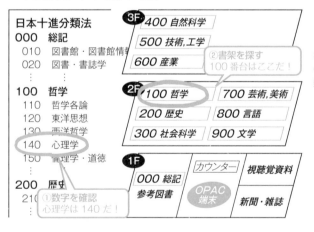

▶日本十進分類法（NDC）
日本の多くの図書館で使われている資料の分類法。本のテーマごとに，数字で分類したもの。

✔ 歩くだけではすべての本には出あえない

　閲覧室にある本は，図書館の本のほんの一部で，書庫にもたくさんの本が保管されています。閲覧室を歩くだけでは，出あえる本は限られてしまいます。

探し方②
インターネットで探す

✔ 図書館の全書籍を対象に本を探す

　図書館では，蔵書をデータベース化し，インターネットを通じて誰でも検索できるようにしています。これを **OPAC**▶（Online Public Access Catalog）といいます。OPAC を利用すれば，書庫に保管されている本や**電子書籍**▶も探し出すことができます。また，テーマや調べたいことをキーワードにして，効率よく本を探すことも可能です。

⇨自分の大学の図書館の OPAC で探す

✔ 全国の大学図書館の蔵書から探す

　インターネット上には，全国の大学図書館や国立国会図書館の蔵書を一度に検索できるサービスもあります。これを利用すれば，検索対象が広がって探し漏れが少なくなります。また，ほしい本が自分の大学にない場合でも，見つけ出すことができます。

⇨ Webcat Plus で探す

✔ 国立国会図書館の蔵書から探す

　国立国会図書館は，国内で発行されるすべての刊行物を保管するという役割をもっています。資料の所蔵点数はどこの図書館よりも多いので，ほしい本が見つからないときは国会図書館の検索サービスで探してみましょう。

⇨国立国会図書館サーチで探す

▶ OPAC の呼び名
大学ごとに独自の名前がつけられていることがありますが，基本的な機能は同じです。

▶電子書籍
デジタル機器の画面上で読める本。大学図書館では，全文検索機能などがついた専用のプラットフォームで，電子書籍を読める。Maruzen eBook Library，KinoDen など。

✔ 自分の大学の図書館の OPAC で探す

　OPAC では，キーワードのほか，著者名や出版社名などの項目で検索することができます。見たい本がある場合はタイトルで検索すれば，その本が図書館に所蔵されているかどうか確認できます。本の詳細画面では，所蔵されている場所や，現在の貸出状況などが分かります。

▶貸出予約
借りたい本が貸出中のときは，予約をしておけば，ほかの人に借りられてしまう心配がありません。

❏ OPAC のイメージ

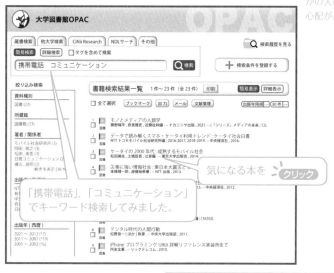

「携帯電話」，「コミュニケーション」でキーワード検索してみました。

気になる本を クリック

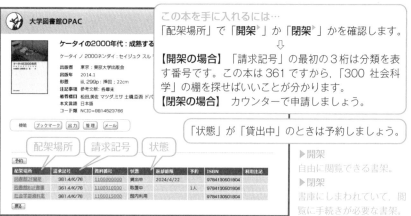

この本を手に入れるには…
「配架場所」で「開架」か「閉架」かを確認します。
　⇩
【開架の場合】「請求記号」の最初の3桁は分類を表す番号です。この本は 361 ですから，「300 社会科学」の棚を探せばいいことが分かります。
【閉架の場合】　カウンターで申請しましょう。

「状態」が「貸出中」のときは予約しましょう。

▶開架
自由に閲覧できる書架。
▶閉架
書庫にしまわれていて，閲覧に手続きが必要な書架。

✔ Webcat Plus で探す

　Webcat Plus は，全国の大学図書館や国立国会図書館の蔵書を対象に検索することができます。広い検索対象と**連想検索**▶を備えているので，大学図書館の OPAC では見つからなかった本に出あえるかもしれません。本が見つかったら，どこの大学図書館に所蔵されているのか確認しましょう。

アクセス▶ http://webcatplus.nii.ac.jp/

▶連想検索
文章やキーワードを入力すると，その言葉を含んでいるいないにかかわらず，関連の深いものを自動的に探し出してくれる検索システム。

Webcat Plus

▶所蔵館
CiNii Books で検索すると，どこの大学図書館に所蔵されているかが分かります。
https://ci.nii.ac.jp/books/
CiNii Books は，各大学図書館の OPAC と連携している場合もあります。

✔ 国立国会図書館サーチで探す

　国立国会図書館サーチ（NDL SEARCH）でも，テーマやタイトルなどから本を探すことができます。

アクセス▶ https://ndlsearch.ndl.go.jp/

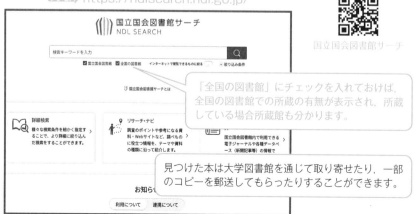

国立国会図書館サーチ

探し方③
目録・書誌で探す

✔ あるテーマの関連書を一覧できる

　目録・書誌は，あるテーマに関する研究書や関連書の情報をまとめたものです。そのテーマに関する本の情報が一度に見られるので，自分が探しているテーマの目録・書誌があれば，本を探すのにたいへん役立ちます。

✔ 参考図書コーナーに行こう

　目録・書誌は，「参考図書」のコーナーにあります。参考図書というのは，「調べる」ための本で，目録・書誌以外にも，辞典・事典，統計，白書などがあります。

☐ 参考図書の種類

事柄を調べるもの	辞典・事典，統計，白書など
資料を調べるもの	目録・書誌など

参考図書は，多くの人がいつでもすぐに使えるよう，**館内利用**▶が原則です。

▶目録・書誌の例
たとえば，ジェンダーに関する本を探したければ，『女性・婦人問題・ジェンダーの本 全情報』(日外アソシエーツ，2023年)など，マンガに関する本なら，『マンガ・アニメ文献目録』(竹内オサム監修，日外アソシエーツ，2014年)などの図書目録があります。

▶辞典・事典類の端末利用
多くの大学図書館では，データベースサービスに加入していて，複数の辞典・事典類を横断検索できるジャパンナレッジや，『ブリタニカ国際大百科事典』と『ブリタニカ国際年鑑』を検索できるブリタニカ・オンライン・ジャパンなどを，端末から利用することができます。
▶館内利用
辞典・事典や目録・書誌といった参考図書のほか，貴重書などは「禁帯出」となっていて，館外に持ち出すことができません。館内で閲覧するか，コピーしましょう。

探し方④
🔍 レファレンスサービス

✔ 図書館の人に相談しよう

　図書館のレファレンスカウンターでは，図書館員が本の探し方や，図書館の使い方について教えてくれます。分からないこと，困ったことがあれば，どんどん相談してみましょう。

⬚ 相談の例

- 『○○○』という本が見つからない
- ×××というテーマに関する本を探したいが，どうすればいいのか分からない
- 参考図書や OPAC の使い方が分からない
- この大学図書館にない本を入手したい

🔍 そのほかの図書館サービス

✔ 複写サービス

　図書館には，蔵書の一部をコピーしてもらえる「複写サービス」があります。大学図書館では，利用者自身が備え付けのコピー機で行うのがふつうです。ただし，著作権法による決まりや制限があります。注意しましょう。

⬚ 複写できる条件

- 調査・研究のためであること
- 著作物の一部（全体の半分以下）
- コピーは1人につき1部
- コピーのコピーや，ほかの人への配付は禁止

▶新聞・雑誌のコピー
新聞や雑誌は次の号が出るか，発行後3カ月たたないとコピーできません。そのあとであれば，掲載されている論文や記事は全文をコピーすることができます。

大学図書館での本の探し方

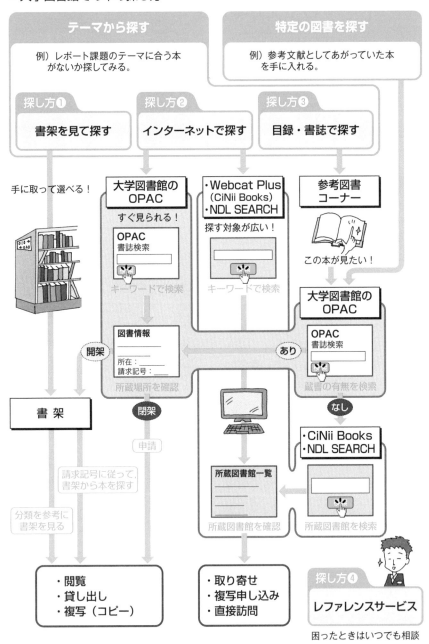

テーマから探す

例）レポート課題のテーマに合う本がないか探してみる。

特定の図書を探す

例）参考文献としてあがっていた本を手に入れる。

探し方❶ **書架を見て探す**

探し方❷ **インターネットで探す**

探し方❸ **目録・書誌で探す**

手に取って選べる！

大学図書館の OPAC
すぐ見られる！
OPAC 書誌検索
キーワードで検索

・Webcat Plus（CiNii Books）・NDL SEARCH
探す対象が広い！
キーワードで検索

参考図書コーナー
この本が見たい！

図書情報
所在：
請求記号：
開架
所蔵場所を確認

大学図書館の OPAC
OPAC 書誌検索
蔵書の有無を検索
あり

閉架

なし

申請

・CiNii Books・NDL SEARCH

所蔵図書館一覧
所蔵図書館を確認

所蔵図書館を検索

書架
請求記号に従って、書架から本を探す

分類を参考に書架を見る

・閲覧
・貸し出し
・複写（コピー）

・取り寄せ
・複写申し込み
・直接訪問

探し方❹ **レファレンスサービス**
困ったときはいつでも相談

百科事典・専門事典を活用しよう

百科事典を導入に使う

　レポートでテーマが与えられたり，調べてみたいテーマが見つかったりしたら，まずはそのテーマの基本的な知識を得ましょう。たとえば，「身近な『メディア』が私たちのコミュニケーションに及ぼす影響について論じなさい」というレポート課題であれば，まずどの「メディア」を取り上げるかを決めなくてはいけませんが，そのためには，そもそもメディアがどういうもので，どんな種類があるのかを知っておく必要があります。そんなとき役立つのが，あらゆる分野の事柄を解説した，百科事典です。

専門事典でさらに詳しく

　百科事典の掲載語や各分野の解説は，一般的な範囲にとどまるので，さらに詳しく専門的に知りたいときは，1 つの分野に特化した「専門事典」で調べましょう。OPAC で「事典」＋「(分野名)」で検索すれば，たくさんの専門事典が見つかります。

事典検索サイトにアクセスしてみよう

　百科事典・専門事典は「参考図書コーナー」にありますが，図書館が契約している事典検索サービスで調べることもできます。たとえばジャパンナレッジでは，80 以上の辞典・事典類の項目見出しや説明文全文を検索できます。ためしに，「メディア　コミュニケーション」で全文検索すると，「コミュニケーション」，「メディア」に続いて，「コミュニケーション政策」，「メディア・アート」，「メディア教育」，「メディア・リテラシー」など，関連項目の見出しが数多く表示されます。百科事典だけでなく『現代心理学辞典』，『現代用語の基礎知識』など，専門的・時事的な資料の項目もヒットします。元になった辞典・事典類の出典情報も明らかにされているので，便利で信頼性の高いサイトだといえるでしょう。

ゼミ発表って何だろう？

✔ そもそも「ゼミ」ってどんな授業？

　大学には，「**ゼミ**▶（演習）」と呼ばれる形式の授業があります。数人〜 20 人ぐらいの少人数で行う，参加型の授業です。ゼミの目的は，あるテーマについて参加者が意見をかわしながら，理解を深めることです。調べたことを発表したり，学生同士で討論したりすることが授業の中心になります。

⇨グループワークに親しもう！（p. 93）

▶ゼミ
「ゼミナール」というドイツ語が由来です。もともとドイツの大学で，この形式の授業が行われていたことによります。

✔「自由発表」と「文献発表」

　ゼミで，自分の調べたこと，考えたことを口頭で説明するのが「ゼミ発表」です。ゼミ発表には，大きく分けて「自由発表」と「文献発表」の2種類があります。

❏ ゼミ発表の種類

自由発表	あるテーマについて独自に調べたことを発表します。テーマは先生から与えられる場合と，自分で決める場合があります。
文献発表	1つの文献をゼミ参加者で分担し，自分の担当部分について，要約や批評をして発表します。「輪読」ともいいます。

ゼミ発表をすることになったら

　ゼミ発表をするには，本を読んだり，調べたり，**レジュメ**▶を作ったりと，多くの準備が必要です。発表を成功させるためにも，余裕をもって早めに取りかかりましょう。自由発表の場合，次のような手順で準備します。

▶レジュメ
発表内容を簡潔にまとめたプリントです。発表を聞く人に配ります。

ゼミ発表の準備の手順

①発表の形式を確認する（発表の種類，発表日時，持ち時間，使える設備▶など）
②何を取り上げるかを決める
③「問い」をたて，「主張」を決定する
④発表の構成を考える
⑤レジュメを作る
⑥リハーサルをする
⑦質疑応答に備える
⑧レジュメをコピーしておく

▶使える設備
PowerPointなどで作ったスライドを，スクリーンに映しながら発表できる教室もあります。使用できる設備を，前もって確認しておきましょう。

ゼミ発表とレポートの違い

　準備の手順で，「②何を取り上げるかを決める」から「④発表の構成を考える」までは，レポートを書くときの手順とよく似ています。実は，ゼミ発表とレポートは，口頭で伝えるか文章で伝えるかの違いだけで，調べて考えたことを説明するという点では同じなのです。ですから，テーマの決め方や資料の集め方，構成の考え方などは，レポートの書き方の章も大いに参考にしましょう。
⇨レポートの書き方（4・5章）

ゼミ発表の準備をしよう

ノリ太さん，マメ子さんの準備の様子を見てみましょう。

❶発表の形式を確認する

「私たちの暮らし」について，自分の興味や関心を
もとにテーマを決め，1人20分で発表してもらい
ます。発表内容をA4判の用紙1，2枚にまとめた
レジュメも用意してくださいね。

❷何を取り上げるかを決める

テーマどうしよう…。
それにしても考えごと
はトイレに限るなあ。
トイレは何でこんなに
落ち着くんだろう…。

ノリ太さん

授業だしマジメな
テーマにしないと…
「福祉とか
どうかな？」

マメ子さん

そうだ，「トイレ」について調べよう！

「えっそんなテーマでもいいの!?」

トイレは学術的じゃない？　いいえ，学問に制限は
ありません。たとえば，トイレの移り変わりを社会
の変化と関連づけて分析したり，トイレの違
いから文化の違いを論じたりすれば，トイレ
も立派な学問の対象になります。

❸ 「問い」をたて，「主張」を決定する

とりあえず，世界の
トイレを調べてみよう。

国が違うとトイレも違う
もんだなぁ。やっぱり快適
な日本のトイレが好きだ。

でも，日本も昔から快適
だったのかな？　昔のトイ
レはどんなのだろう？

えっ，今と全然違う！
これじゃゆっくりできないよ…。

じゃあ，なんで今は快適になったんだ？
トイレの歴史から理由が分かるかも。

TOILET

わかった！

「福祉」の何を
調べようかな？

おばあちゃんに
福祉施設の話を
聞いてみよう

「高齢者福祉」を
発表しよう

現状は？

問題点は？

解決策はある？

…

…

テーマ：　日本のトイレ史 ～快適空間の確立～

疑問や発見から「問い」をたて，根拠を集めて，
問いの答えとなる「主張」を固めていきます。

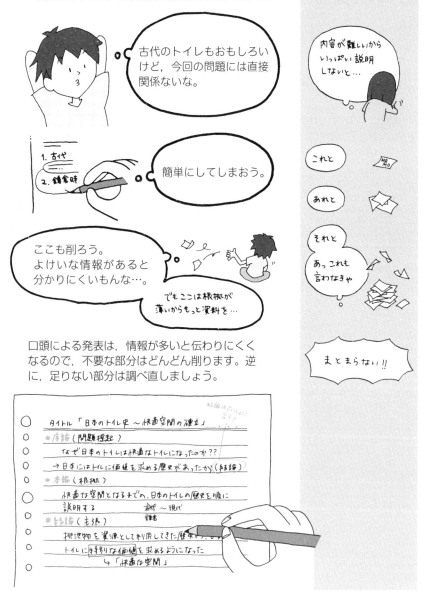

❹発表の構成を考える

「問い」から「主張（結論）」を導き出せたら，根拠とあわせて 3 部構成で組み立てていきます。

古代のトイレもおもしろいけど，今回の問題には直接関係ないな。

内容が難しいからいっぱい説明しないと…

1. 古代
2. 鎌倉時

簡単にしてしまおう。

これと

あれと

それと

あっ、これも言わなきゃ

ここも削ろう。
よけいな情報があると分かりにくいもんな…。

でもここは根拠が薄いからもっと資料を…

まとまらない!!

口頭による発表は，情報が多いと伝わりにくくなるので，不要な部分はどんどん削ります。逆に，足りない部分は調べ直しましょう。

タイトル「日本のトイレ史 〜快適空間の確立」
●序論（問題提起）
なぜ日本のトイレは快適なトイレになったのか??
→日本にはトイレに価値を求める歴史があったから（結論）
●本論（根拠）
快適な空間となるまでの、日本のトイレの歴史を順に説明する　　　　古代〜現代　　鎌倉
●結論（主張）
排泄物を資源として利用してきた歴史が、
トイレに特別な価値を求めるようになった
└「快適な空間」

発表の流れと要点が分かるように，簡潔に示します。

人間関係学　　　　　　　　　　　　　　　　　　　2024 年 7 月 10 日　3 限
　　　　　　　　　　　　　　　　　　　　　　　学籍番号：240163　瀬見ノリ太

日本のトイレ史〜快適空間の確立〜

＜流れ＞
はじめに
1．トイレの誕生と発展
2．くみ取り式から水洗へ
3．快適空間の確立
おわりに

> 発表の「流れ」を示します。

はじめに　　トイレ＝居心地の良い場所→トイレの歴史にその要因がある？

1．**トイレの誕生と発展**
　1-1．トイレ前史（縄文時代〜平安時代）
　　・トイレ＝川，湖，野原（平安貴族…おまる）→排泄のための不特定な場
　　トイレという特定の排泄空間の概念はあまりなく，排泄行為があるのみ。

> 要点が分かりやすいよう，強調します。

　1-2．トイレの誕生（鎌倉時代〜）
　　・農業技術の発達→し尿を肥料として活用（排泄物＝資源）
　　・くみ取り式トイレ登場（排泄物を貯える空間）
　　トイレが特定の空間として成立（誕生）。

> 文章ではなく，箇条書きで簡潔に示します。

　1-3．トイレの発展（江戸時代）
　　・し尿が商品として流通する→し尿価値の確立
　　・し尿利用のシステムの効率化→（幕末）人口増加によるシステムの崩壊
　　トイレの地位の確立。ただしあくまでも主体は便槽（し尿価値に依存）。

2．**くみ取り式から水洗へ**
　（近代〜）
　　・化学肥料の登場→し尿の価値が失われる
　　　トイレ…排泄するだけの空間
　　・水洗トイレ流入→普及せず（発達したし尿利用システムが下水技術普及の足かせに）
　　し尿価値の喪失→それまでのトイレの存在意義を失う（トイレ低迷・模索）。
　　　　　　　　　　　　　　　……戦後，ゆるやかに水洗トイレが普及しはじめる

1

> 複数枚になる場合は，必ずページを示します。

3．**快適空間の確立**
　（〜現在）
　　・水洗トイレの普及
　　　トイレと排泄物を切り離す→トイレに衛生を求める（清潔なトイレへ）
　　・現代の「個」指向
　　　機能性と究極のプライベート空間を追求→トイレに快適さを求める
　　　トイレ空間に排泄以外の価値を求める
　　　　　　水洗トイレと「個」指向の結びつき→トイレ＝衛生快適空間
　　　　　　　　　　　　　　　　　……今日のトイレに至る

おわりに　　日本人はトイレに価値を求める

【参考文献】
・木曽祥秋（2002 年）「トイレと便所の間から」『人間環境論集』第 2 号
・前田裕子（2008 年）『水洗トイレの産業史』名古屋大学出版会
・渡辺信一郎（2002 年）『江戸のおトイレ』新潮選書

> レポートと同じように，「参考文献」を示します。

❻リハーサルをする

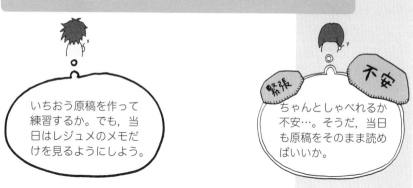

いちおう原稿を作って練習するか。でも，当日はレジュメのメモだけを見るようにしよう。

緊張　不安

ちゃんとしゃべれるか不安…。そうだ，当日も原稿をそのまま読めばいいか。

原稿を棒読みすると，単調になって，伝わりにくい発表になります。できるだけ原稿を見ずに発表できるようにしましょう。

時間を計ってみよう。

時間オーバーだった。もっと削ろう。

友だちにもリハーサルに付き合ってもらおう。

おーい

あっ，時間オーバーだ…。でも，もう削りたくないし，早口で話せば大丈夫よね！

恥ずかしいから一人で練習…

フムフム

ここがわかりにくいのか

発表時間を守らないと迷惑がかかります。また，早口で話すと伝わらないので，ゆっくり話して制限時間内に収まるようにしましょう。

❼質疑応答に備える

発表のあとには，聞いていた人からの質問を受け，それに答える時間があります。質問されてもあわてないように，あらかじめ質問を予想して，答えを考えておきます。

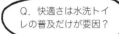

Q．快適さは水洗トイレの普及だけが要因？

A．日本の狭い住宅事情もその１つ。ひとりになれる空間をトイレに求めた。

Q．し尿利用システム崩壊のきっかけは？

A．不衛生によってコレラが流行して…

Q．江戸に公衆トイレはあった？

A．小便たご（桶）などがあった。

そういえば…

リハーサルのとき，友だちに聞かれたことがあったなぁ。調べておこう。

ブル ブル

質問されるのコワーイッ

❽レジュメをコピーしておく

レジュメは足りなくならないように，ゼミの人数よりも少し多めに用意しておくと安心です。

ガー

ゼミ発表本番

✔ ゼミ発表当日の流れ

　前日までに，発表の内容を考え，レジュメも作成しました。レジュメは，ゼミの人数＋予備のコピーを用意しています。いよいよゼミ発表に臨みます。ゼミ発表は，次のような流れで進行します。

❏ ゼミ発表当日の流れ

①レジュメや資料を配付
②発表
③質疑応答

発表の注意点

発表は友だちとの会話と違い，言葉が聞き取れなかったときに聞き直したり，意味が分からなかったときに説明を求めたりできません。聞き手の立場にたって，聞き取りやすく，分かりやすい発表を心がけましょう。

✔ 大きな声でゆっくりと

発表するときは，大きな声で，いつもよりゆっくり話しましょう。早口だと聞き取りにくくなる上に，理解が追いつきません。緊張すると，気づかないうちに早口になってしまうので，落ち着いて間を大きく取りましょう。

▶繰り返しや言い換え
大事なポイントや，一度では分かりにくそうなところは，繰り返して言ったり，違う言葉で言い換えたりしましょう。

✔ 下を向かず聞き手の反応を見る

下を向いてしゃべると声が通りにくくなります。原稿やメモは，胸の高さで持ちましょう。また，原稿ばかりを見ていると棒読みになり，聞き手が退屈してしまいます。原稿を見ずに発表できたらいちばんですが，小さな区切りごとに一息入れて，聞き手の顔を見回してみましょう。

✔ レジュメのどこについて話しているかを示す

内容の区切りごとに，「次に3の『快適空間の確立』に移ります」のように，レジュメのどこについて話しているかを示しましょう。

✔ 制限時間を守る

制限時間を守らないと，授業の予定がくるってしまいます。時計を見える場所に置いておき，時間の具合によっては省略できる部分を確認しておくといいでしょう。

発表しよう

ノリ太さんの発表の様子を見てみましょう。

では，発表を始めます。ぼく…私は，日本のトイレの歴史について調べました。

人間関係学　　　　　　　　　　　　　　　2024年7月10日　3限
　　　　　　　　　　　　　　　　　学籍番号：240163　瀬見ノリ太

日本のトイレ史〜快適空間の確立〜

＜流れ＞
はじめに
1．トイレの誕生と発展
2．くみ取り式から水洗へ
3．快適空間の確立
おわりに

（テーマを選んだ理由）
・トイレが好き
・なぜなら落ち着く
・意外とキレイ
・完全に一人になれる

はじめに　　トイレ＝居心地の良い場所→トイレの歴史にその要因がある？

テーマを選んだ理由

なぜ，トイレの歴史なのか…。私は，トイレがものすごく好きなんです。家のトイレ限定ですけど。落ち着きますよね？　トイレって。それで，なぜトイレは落ち着くのだろうか，トイレの歴史を調べてみれば，もしかしたら答えが見つかるかもしれない，と思ったのが，今回のテーマを選んだ理由です。

1．トイレの誕生と発展　について説明
　1-1．トイレ前史（縄文時代〜平安時代）　トイレが登場したのは4000年以上昔の縄文時代だ
　　・トイレ＝川，湖，野原（平安貴族…おまる）→排泄のための不特定な場
　　　トイレという特定の排泄空間の概念はあまりなく，排泄行為があるのみ。

深呼吸で間を取って

それでは，まず，トイレの誕生と発展について説明します。日本でトイレらしきものが登場したのは，今から4000年以上昔の，縄文時代だといわれています。でも，平安時代くらいまでは，トイレという特定の排泄場所はなかったようです。

次に，レジュメの1-2，トイレの誕生です。トイレが誕生した鎌倉時代の話をします。なぜ，トイレが誕生したのか。それは，農業技術の発達によって，し尿，つまり大便・小便のことです，が肥料として利用されだしたからなんです！

次の話題に移ります

　1-2．トイレの誕生（鎌倉時代〜）　　農業技術の発達→し尿をためておく場所として
　　　　　　　　　　　　　　　　　　　　　　　トイレ登場
　・農業技術の発達→し尿を肥料として活用（排泄物＝資源）
　・くみ取り式トイレ登場（排泄物を貯える空間）　ポイント：トイレは排泄のためだけに
　　　　　　　　　　　　　　　　　　　　　　　登場したのではない！！
　　　　トイレが特定の空間として成立（誕生）。　排泄物をためておく場所という
　　　　　　　　　　　　　　　　　　　　　必要になった　　トイレ

畑に肥料をまくって，ある程度の量が必要です。そこで，し尿をためておく場所としてトイレが登場したんです。ポイントは，トイレは排泄のためだけにできた空間ではなくて，むしろ排泄物をためるために必要になったということです。

1-3 の江戸時代に移ります。排泄物の利用は，江戸時代になるとさらに一般的になりました。ほぼ100％の排泄物が肥料として利用されていました。

1-3.トイレの発展（江戸時代）
・し尿が商品として流通する→し尿価値の確立
・し尿利用のシステムの効率化→（幕末）人口増加によるシステムの崩壊
トイレの地位の確立。ただしあくまでも主体は便槽（し尿価値に依存）。

話に強弱をつけよう

江戸みたいな大きな都市では，排泄物が，商品として流通していたんです。商品ですよ，アレがっ！

江戸近郊の農家が買っていたみたいです。し尿にもランクがありました。日ごろからいいものを食べている人のし尿は高く売れました。たとえば，お殿様のとか。よい堆肥（たいひ）は野菜をすくすく育てます。

聞き手の反応を見て補足しよう

中略

鎌倉時代のトイレの誕生以来，日本人にとってのトイレは，排泄目的のためだけに存在してきたのではありませんでした。江戸時代のトイレは，金庫みたいな存在だったのです。近代に入り，それまで商品だったし尿がその価値を失います。トイレの暗黒時代到来です。しかし，暗黒時代の模索を経て，トイレという空間に何か価値を見いだせるのではないかという動きが出てきました。

発表全体のおさらい

おわりに　日本人はトイレに価値を求める

【参考文献】
・木曽祥秋（2002年）「トイレと便所の間から」『人間環境論集』第2号
・前田裕子（2008年）『水洗トイレの産業史』名古屋大学出版会
・渡辺信一郎（2002年）『江戸のおトイレ』新潮選書

それが，今日の清潔で快適なトイレにつながっているのです。まさに，トイレ・ルネサンスといえるでしょうっ！　…以上で発表を終わります。

質疑応答の時間

✔ 発表のあとは質問に答える時間

　ゼミ発表は発表するだけで終わりではありません。聞いていた人からの質問に答える時間があります。その場で答えを考えていては，なかなかうまく答えられないので，準備の段階で質問を予想しておき，回答を考えておきましょう。

✔ まず質問の意図を確かめる

　質問を聞いても，どういうことを尋ねているのかよく分からないことがあります。そのときは，「〜という質問ですか？」のように，自分で分かる表現に直して尋ね返し，質問の意図をはっきりさせるようにしましょう。質問の意図が一度で分かった場合でも，「〜という質問ですが…」と繰り返してから答えるようにすれば，まわりで聞いている人にも分かりやすいでしょう。

✔ 回答は結論から簡潔に

　質問に答えるときは**質問者にお礼**▶を述べてから，先に結論だけを簡潔に述べます。そのあとに，「なぜなら，〜だからです」のように，そのような結論になる理由や詳しい説明を続けます。

▶質問者にお礼
質問は発表をちゃんと聞いてくれたあかしなので，質問を受けたら「ご質問ありがとうございます」とますお礼を述べましょう。

✔ 分からないときは分からない理由をきちんと

　調べていなかったり難しかったりして，答えられない質問もあると思います。調べて分かりそうなことならば，「今は分からないので，次回までに調べてきます」などと答えましょう。

質問に答えよう

たくさんの質問は，発表に興味をもってもらえたあかしです。

> 水洗トイレって日本以外にもあるから，水洗トイレの普及が日本のトイレを特別快適にしたとはいえない気がします。その辺りのところを，もう少し詳しく教えてください。

質問の内容を確認します。

> ご質問ありがとうございます。日本のトイレが快適になった理由は，水洗トイレの普及だけには求められないのではないか，という質問でいいでしょうか？

> はい

> 確かに，水洗トイレが快適空間を生むのであれば，日本以外の国のトイレも快適ということになっちゃいますね。私は，日本のトイレが特別快適になった背景に，日本の住宅事情があると考えています。

結論だけを先に簡潔に述べます。

> ほら，日本の家って狭いでしょ？　少し前までは，自分だけの部屋なんて考えられなかった。たまにはひとりきりになりたい。そこで目をつけられたのが，水洗トイレによって清潔な場所となったトイレです。ひとりで落ち着ける場所として，快適さが追求されたのです。

結論に続けて詳しく説明します。

- -

調べていないことを尋ねられたら…

> し尿の値段はどのくらいだったのですか？

> …し尿がどのくらいの値段で取り引きされていたか，ということですね？　…ええっと，調べていませんでしたので，分かりません。次回のゼミまでに調べてきます。

> お願いします。

聞き手の心得

✔ いい聞き手はゼミ発表を盛り上げる

発表は，聞く人がいてはじめて成り立ちます。特にゼミでは，発表のあとに**質疑応答**の時間が設けられることが多いので，質問することがないか，考えながら発表を聞きましょう。いい質問をすると議論が活発になり，内容の濃い発表になります。

▶質疑応答
参加者全員に発言が求められることもあります。

✔ 発表者がいちばん伝えたいことを理解する

人の話を聞いて理解するということは，とても難しいことです。会話であれば，聞き逃したり分からなかったりしても，その都度，確認できます。しかし，発表の場合は，聞き逃したからといって，発表を中断させるわけにはいきません。聞き逃さないよう，集中が必要です。発表者がいちばん言いたいことは何かを考えながら聞くといいでしょう。

✔ 質問のためにメモをとろう

発表者が強調しているところや，自分でおもしろいと思ったところは，レジュメに印をつけたりメモしたりしておきます。発表者の意見と自分の意見が違うところ，**納得いかなかったところ**があれば，あとで質問をぶつけてみましょう。

▶納得いかなかったところ
主張に対して根拠が不十分であったり，主張と根拠がかみ合っていなかったりすることもあります。発表の核になる部分なので，発表者のためにも，明確に伝えるようにしましょう。

質問をしよう

興味をもったところ，もっと知りたいと思ったことが，質問の種です。

コメント・感想を言う

江戸時代のトイレは，エコシステムの一部だったんですね。そこがとてもおもしろかったです。現代の環境問題の解決にも役立つのではないかと思いました。

江戸のシステムって無駄がなくてすごいな。質問じゃないけど，言っておきたい！

自分の意見をぶつける

私は，トイレは快適さよりも，環境に配慮していくべきだと思います。水洗トイレは水をたくさん使うから，環境によくないって聞いたことがあります。ノリ太さんは，トイレが環境に与える影響についてはどう考えますか？

快適なトイレって環境にはよくないんじゃないかな。環境と快適さの両立はできるのか？

詳しい説明を求める

近代に入って，し尿が価値を失って，トイレは暗黒時代を迎えたとのことですが，具体的にトイレはどうなってしまったのですか？

流れはよく分かったけど，イメージがわかないなぁ。暗黒時代のトイレ，気になるぞ。

分からなかったことを尋ねる

くみ取り式トイレっていうのがよく分からなかったのですが，水洗トイレとどう違うのですか？

くみ取り式トイレってはじめて聞いたなぁ。どんな仕組みなんだろう？

10章 大学の試験と評価

大学の定期試験

✔ 「筆記試験」と「レポート試験」

　大学にも定期試験があり，学期の終わりに試験期間が設けられています。授業によって，学期ごとに1回，または通年で1回試験が行われます。高校までと同じように試験時間内に解答する「筆記試験」のほかに，期日までにレポートを提出する「レポート試験」があります。

▶試験時間割
試験期間中の時間割は通常の授業の時間割と違うので，掲示や指示をよく確認しておきましょう。レポート課題の提出期限や提出方法などについても同様に確認しておきましょう。

試験の種類

試験の種類	内　容
筆記試験	試験時間内に答案を作成する
レポート試験	レポートを書き，期日までに提出する

大学の筆記試験

✔ 筆記試験も高校までとは違う！

　高校までの筆記試験は「知識確認型」で，授業で教わったことをきちんと覚えているかどうかを確認するものが中心でした。大学の筆記試験は「論述型」で，授業で学んだことを用いて，どう考察するのかが問われます。たとえば，大学では次のような問題が出題されます。

▶答案は返却されない
大学の定期試験は純粋に評価のために行われるので，答案は原則，返却されず，正解や得点も発表されません。レポート試験も同様です。

> **例　マス・メディア概論**
> 問　「広告」の利害について考察せよ。
> 問　「マス・メディア」とは何かを説明した上で，
> 　　マス・メディアの社会的責任について論じなさい。

60分の試験時間で問題は1問だけ，ということもあります。

✔ ノート・教科書の持ち込み

　高校では考えられませんが，試験に「自筆ノート」や「教科書」の持ち込みが認められていることがあります。「持ち込み可」の試験は，細かな知識よりも考察や論述が重視されているということなので，簡単というわけではありません。

✔ どう答えたらいいの？

「論じなさい」,「考察しなさい」という問題は,「短いレポートを書く」問題だと考えましょう。つまり,問題文のテーマに対して,自分なりの「主張」とその「根拠」を考え,それを「序論」,「本論」,「結論」の３部構成で組み立てるのです。とはいえ,レポートと違い,推敲(すい)(こう)する時間はあまりありません。構成をしっかり考えてから書き始めましょう。

例題 「広告」と「メディア」の観点から,「メディア・リテラシー」について論じなさい。

---

①問題を分析する
- 「メディア・リテラシー」とは？
- 「広告」と「メディア」は「メディア・リテラシー」とどうかかわってくるだろうか？

↓

②主張を決める
メディア・リテラシーの必要性が高まっている！

↓

③根拠をあげる
- テレビ広告への「メディア・リテラシー」
- ウェブ上の口コミ情報への「メディア・リテラシー」

↓

④主張に肉付けをして結論とする
メディアが多様化した現代では,メディア・リテラシーを身につけることが重要である！

□ 試験問題と解答の例

➡ 「広告」と「メディア」の観点から、「メディア・リテラシー」について論じなさい。

　メディア・リテラシーとは、メディアによってもたらされる情報を、正しく読み解く力のことである。広告を例に、日常生活におけるメディア・リテラシーの必要性について述べたい。

　初めて覚える言葉が、テレビ広告のキャッチ・フレーズであるという幼児も少なくないという。広告に使われている言葉は覚えやすい。それは、広告が人々の意識に浸透することをねらって作られた、意図的な情報だからだ。それゆえ、商品の販売を促進するための企業の言葉をうのみにしない情報処理能力が求められる。

　また、広告をのせるメディアの変化により、別の面からもメディア・リテラシーの必要性が高まっている。テレビや新聞、雑誌などの広告は一方向のものが多かったが、インターネットでは情報の受け手も発信をする。つまり、ブログやSNS、通販サイトなどにおける口コミ情報が、ひとつの広告機能を果たすようになった。しかし、情報の総量が増えた

授業科目名	曜日・時限	学部・学科	学年・クラス	氏名 キソ マメコ	学生番号	採点
マスメディア概論	水 1	文	1	基礎マメ子	240157	

➡

のに加えて、ウェブ上の情報の質にはばらつきがあり、うその情報が含まれることもある。そのため、自分にとって必要な情報や正しい情報を見分ける力が、ますます必要になっていると言える。

　このように、広告という身近なものから考えても、メディアが多様化した現代においては、情報をクリティカルに分析し評価する力である、メディア・リテラシーを身につけることが重要である。

✔ 試験前の勉強はどうしたらいいの？

　高校までの試験対策は，教わったことを確認したり，覚え直したりすることが中心でした。論述型の試験の場合は，学んだことについて，自分なりに考察を深めておくことが大切です。

---

①ノートを読み返す

　授業中にとったノートを読み返し，授業の流れを思い返しましょう。基本用語やその定義は，人に説明できるぐらいにしておきます。試験では，用語を説明させる問題が出ることもありますし，主張の根拠を考えるときや，問題の背景を明らかにするときに，正確な知識が必要です。

②先生が強調していた点を中心に，考えを整理する

　授業で先生は「ここが大事！」というポイントを強調しています。それらが試験のヒントであることも少なくありません。そのポイントを中心に，さらに自分なりに調べ，考えを整理しておくことが大切です。

③友だちと話し合う

　授業の内容について友だちと話し合うことで，思わぬ発見や視野の広がりがあるかもしれません。それは「問い」が生まれるきっかけにもなるでしょう。

レポート試験

筆記試験ではなく，レポートによって成績を評価する授業もあります。提出期限や分量，提出方法などを，必ず守りましょう。

①提出期限

提出期限を過ぎると受け付けてもらえません。余裕をもって提出できるよう，レポート作成は計画的に進めましょう。

②指定分量

「2000字程度▶」，「400字詰め原稿用紙5枚以上▶」のように，分量の指定があります。

③用紙

レポートは縦置き・横書きとするのが一般的です。パソコンの文書作成ソフトで作成する場合は，A4サイズの用紙にプリントアウトし，手書きの場合は，原稿用紙にペンでていねいに書きましょう。指定があればそれに従います。

④提出場所

先生の研究室のボックス，教務課の窓口などが指定されます。メールの添付ファイルや学内システムのサーバーにアップロードして提出することもあります。よく確認しておきましょう。

⑤表紙

決められた表紙をつけます。特に指示がなくても，5枚以上になるときは表紙をつけましょう。その場合は，「授業科目名」，「担当の先生名」，「レポートの表題」，「学部・学科・学年」，「学籍番号」，「氏名」，「提出日」などを忘れずに示します。

▶バックアップをとる
パソコンでレポートを作成したら，複数の場所にデータをバックアップしておきましょう。手書きで作成する場合は，提出する前に，コピーをとっておきます。

▶「程度」ってどのくらい？
「○○字程度」の字数は，プラス・マイナス10%ぐらいが目安です。「2000字程度」であれば1800〜2200字くらいにします。
▶枚数で指定
「32字×25行で3枚」などと，文書作成ソフトの書式とセットで指定される場合もあります。

表紙の例

情報メディア論
古見啓造先生

コミュニケーションで
誤解が生じるのはなぜか
－伝達可能な情報の限界に着目して－

文学部 1年
学籍番号：240157
基礎 マメ子

提出日：2024年6月17日

成績評価の方法

✔ シラバスで確認しよう

　成績評価の方法は，授業によって異なります。筆記試験やレポート試験のみで評価する授業もあれば，授業の出席状況や参加度などの平常点を加える授業もあります。ふだんの授業で，ゼミ発表やグループワーク，小テストなどがある場合は，それらも評価の対象になります。シラバスには，成績評価の方法についても書かれていますので，よく確認しておきましょう。

✔ いい成績を目ざしてがんばろう

　一般的に，次のような段階評価がなされます。

```
（　秀／S　：　90 ～ 100 点　）
　　優／A　：　80 ～ 100 点
　　良／B　：　70 ～ 79 点
　　可／C　：　60 ～ 69 点
不可（不合格）／D　：　59 点以下
（　採点不可／X　）
```

　不可（不合格）だと，その授業の単位は取得できません。その授業の単位を取りたければ，もう一度，履修しなければなりません。授業によっては，再試験の制度がある場合もあります。

　なお，病気や事故などで試験を受けられなかった場合は，証明書を添えて申し込めば，追試験を受けることができます。先生あるいは教務の人などに相談しましょう。

▶成績評価基準の例
大人数講義など
筆記試験 100％
外国語など
筆記試験 60％
平常点 40％（出席，小テスト）
ゼミなど
レポート試験 70％
平常点 30％（ゼミ発表，授業参加度）
少人数講義など
レポート試験 80％
平常点 20％（小レポート，授業参加度）
基礎ゼミなど
平常点 100％（出席，課題提出，授業参加度）

▶**不正行為には厳罰**
筆記試験でのカンニングやレポートでの盗用，ねつ造，改ざんなどの不正行為には，全科目の試験無効や卒業延期，除籍などの厳しい処分が科せられます。絶対にしてはいけません。

グループワークに親しもう！

✔ そもそもグループワークとは？

授業で与えられた課題に対して，数人でグループを作り，その中で意見を出し合い，議論や作業をすることです。授業時間内に即興で話し合う場合もあれば，課題が提示された数週間・数カ月後にグループ発表まで行う場合もあります。

✔ 視野を広げて理解を深めよう

グループで話し合うと，自分では思いもよらなかった意見や，自分とは対立する意見など，さまざまな意見に出あいます。自分の意見を分かりやすく説明するとともに，まわりの意見にも耳を傾け，正確に理解しましょう。自分の意見とまわりの意見の共通点や対立点に気づくことで，一人ひとりが物事をより深く考えるきっかけを得ることができます。

✔ 発言しやすい雰囲気を作ろう

グループ内で全員が活発に意見を言い合うことが難しい場合もあります。話し合うことに慣れていない，課題に関心をもてない，発言のきっかけをつかめないなど，さまざまな理由で議論に参加できない人がいるかもしれません。ときには，話し合いの場に沈黙が訪れてしまうこともあるでしょう。議論に参加できない人がいたら，声をかけたり，質問したりして，意見を引き出しましょう。参加者がお互いに配慮し合うことで，グループ内で発言しやすい雰囲気ができ，安心感が生まれます。

大学では，課題に対する取り組み方にも工夫が求められます。学生自身が自ら参加しやすい雰囲気を作り，グループ全体で課題に取り組むことが重要です。

□ グループワークをやってみよう

①グループ決め

初対面同士であれば**自己紹介**▶などしてリラックス

▶自己紹介
最近うれしかった出来事や新たな発見などの簡単なスピーチをすることもあります。

②進め方の決定

時間配分や，話し合いの方法，**役割分担**▶の決定など

＊授業時間外で話し合う場合

⇨打ち合わせの日時，場所の決定

＊どのように決めたらいいか分からない場合

⇨先生に相談，ワークの狙いを確認

▶役割分担
意見を引き出す司会役，意見の調停役，タイムキーパー，書記など。

▶大学の施設利用
話し合いに利用できそうな学内の施設を確認しておきましょう。

③議論・作業

- 課題の確認と共有
- 意見の出し合い（対立意見や突飛な意見でもOK!）
- 似た意見をまとめ，分類▶する
- 意見のまとまりごとに，関係を整理▶する
- 話し合うべきポイントの再設定
- グループの最終的な意見とその根拠をまとめる

＊発表がある場合

⇨「ゼミ発表の仕方②」（9章）

⇨「PowerPointで発表資料を作ろう」（p.108）

▶意見の分類
アイデアをカードやふせんに書くと，並べ替えが容易になり，検討しやすくなります。

▶関係の整理
論点を明確にし，意見同士がどんな関係なのかを考えます。対立関係，因果関係など。

④振り返り

- よかった点や改善点をグループ内で確認し合う
- 自分の意見とグループで話し合った意見を比較
- 自分の意見がワークを通して変化したかどうかを確認

第 **II** 部

大学生の
ICT スキルズ

Word でレポートを作ろう

 ## Word とは？

✔ レポートやレジュメの作成に活躍

　Word は，レポートやレジュメを作成するときに活躍する文書作成ソフトです。レポート課題では，手書きが認められない場合もあります。また，社会に出てからも役立つので，使えるようになっておきましょう。

▶ Word のバージョン
Word にはいくつかのバージョンがあります。ここでは本書刊行時点の Microsoft 365 で説明していますが，パッケージ版の 2019・2021 などでも同じことができます。Excel も同様です。

▫Word の画面

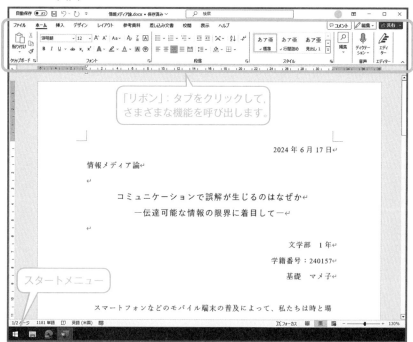

スタートメニューなどから Word を起動します。

ページ設定の変更

✔ 字詰めなどを設定しよう

　レポート課題では，文字の大きさや1ページの字詰めが指定されることがあります。特に指定がない場合は，次のどちらかに設定するといいでしょう。

❏ 字詰めなどの設定の例

	例1	例2
用紙サイズ	A4	
文字サイズ	10.5ポイント	12ポイント
1行の文字数	40字	32字
1ページの行数	40行	25行
日本語文字用のフォント▶	游明朝	
英数字用のフォント	Times New Roman	

✔ 実際の設定の仕方を見てみよう

　実際に，例2の通りに設定してみましょう。次のような手順で設定していきます。

①用紙のサイズを選ぶ
②フォントの種類を選ぶ
③文字サイズ，1行の文字数，1ページの行数を設定する

▶フォント
コンピュータで，画面表示や印刷に使う文字の形を収めたデータ。
フォントの例
游明朝
游ゴシック
Times New Roman
Arial
ＭＳ明朝
ＭＳゴシック

✔ ①用紙のサイズを選ぶ

A4 の用紙を選びます。

▶紙のサイズ
A 判は世界的に広く用いられる紙の規格で、数字が 1 つ大きくなるごとに、大きさが半分になります。A4 が一般的な文書のサイズ。この本はその半分の大きさの A5。その半分の A6 は、ほぼハガキの大きさです。

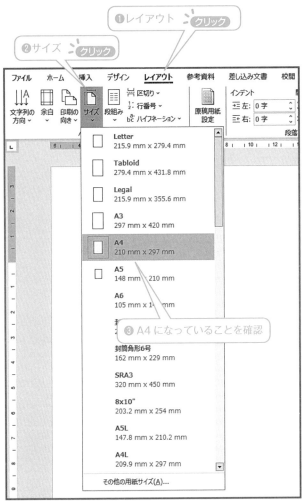

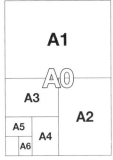

✔ ②フォントの種類を選ぶ

日本語フォントを游ゴシック Medium，游明朝に，英数字フォントを Arial, Times New Roman にします。

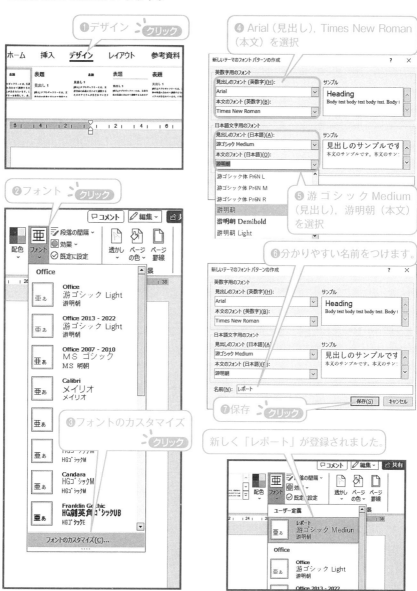

✔ ③文字サイズ，1 行の文字数，1 ページの行数を設定する

文字サイズを 12 ポイント，1 行の文字数を 32 字，1 ページの行数を 25 行に設定します。

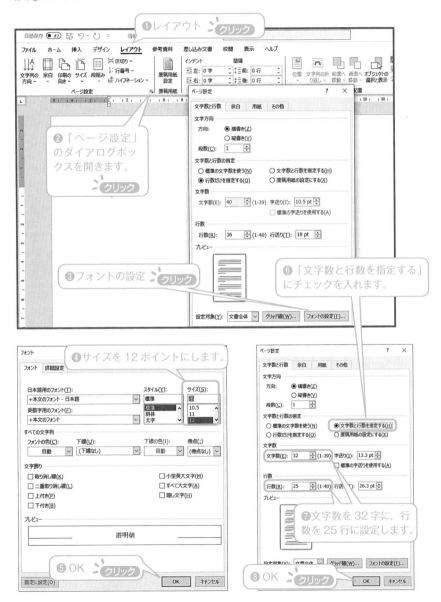

そのほかの便利な機能

✔ 「注」を入れてみよう

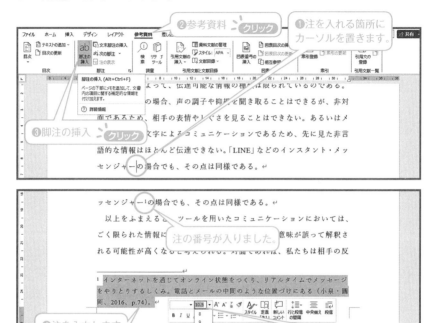

✔ 文字数を数えてみよう

Excel で表やグラフを作ろう

 ## Excel って何ができるの？

✔ 複雑な計算やグラフ作成が思いのまま

　Excel は表を作成して計算したり，グラフを作ったりできる表計算ソフトです。統計資料は，レポートや発表で主張を支える根拠として使えますが，グラフにするとより効果的に示すことができます。

◻Excel の画面

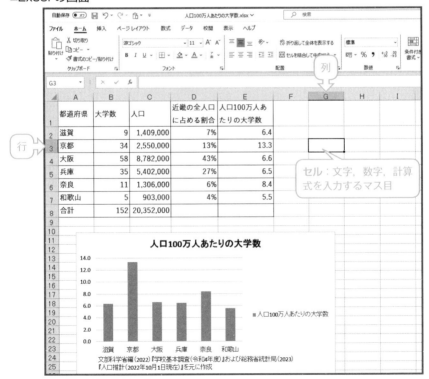

文部科学省編（2022）『学校基本調査（令和4年度）』および総務省統計局（2023）『人口推計（2022年10月1日現在）』を元に作成

実際に使ってみよう

✔ 文字と数値を入力する

近畿二府四県の大学数を入力してみましょう。

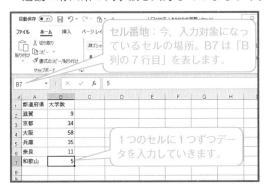

セル番地：今，入力対象になっているセルの場所。B7 は「B列の7行目」を表します。

1つのセルに1つずつデータを入力していきます。

文部科学省（2022）「都道府県別　学校数及び学生数」『学校基本調査（令和4年度）』より

✔ 数値を合計しよう

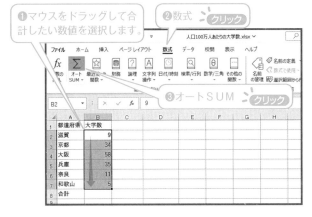

❶マウスをドラッグして合計したい数値を選択します。

❷数式　クリック

❸オートSUM　クリック

合計されました。B8のセルには合計値の「152」ではなく「＝SUM(B2:B7)」という計算式が入っています。これは「B2からB7のセルの値を合計しなさい」という意味で，あとでセルの値を変えても再計算してくれます。

▶関数
Excelには，合計値や平均値を計算してくれる「関数」が用意されています。「SUM関数」は合計値を出すための関数で，オートSUMを利用すれば簡単に入力できます。

数値を分析しよう

✔ 棒グラフを作ろう

大学数が比較しやすいよう，棒グラフにしてみましょう。

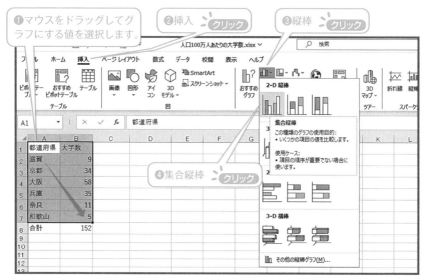

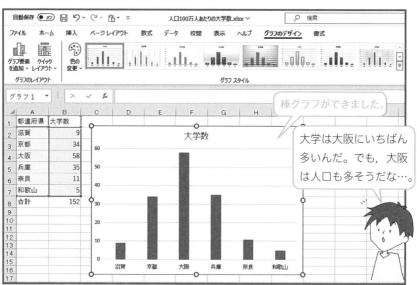

✔ 割合を計算して，パーセントで表示する

　近畿二府四県の人口比を計算してみましょう。割合は個々の数字を全体の数字（合計）で割って求めます。

総務省統計局（2023）『人口推計（2022年10月1日現在）』より

各府県の人口を入力し，SUM関数で合計を出しておきます。

「=C2/C8」は「C2の値をC8の値で割りなさい」という意味です。セルの最初を「=」にすると，そのセルは値ではなく，計算式として扱われます。

▶ Excelでの計算
Excelでかけ算，割り算をするときは，
「×」は「*」
「÷」は「/」
と入力します。計算式は必ず半角で入力しましょう。

❶「=」を入力
❷ C2をクリック
❸「/」を入力
❹ C8をクリック
❺ Enter
で入力できます。

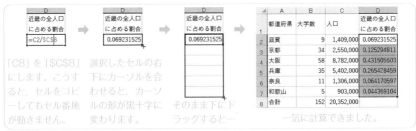

「C8」を「C8」にします。こうすると，セルをコピーしてもセル番地が動きません。

選択したセルの右下にカーソルを合わせると，カーソルの形が黒十字に変わります。

そのまま下にドラッグすると…

一気に計算できました。

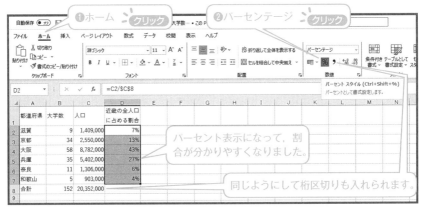

パーセント表示になって，割合が分かりやすくなりました。

同じようにして桁区切りも入れられます。

✔ 円グラフを作ろう

円グラフは割合を示すのに適しています。

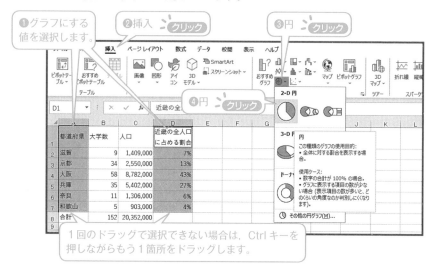

❶グラフにする値を選択します。

❷挿入 クリック

❸円 クリック

❹円 クリック

1回のドラッグで選択できない場合は，Ctrl キーを押しながらもう1箇所をドラッグします。

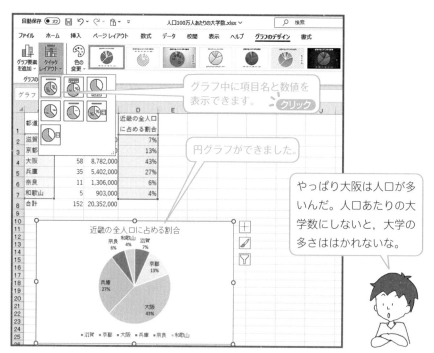

グラフ中に項目名と数値を表示できます。 クリック

円グラフができました。

やっぱり大阪は人口が多いんだ。人口あたりの大学数にしないと，大学の多さははかれないな。

✔ 出典を示そう

グラフの元になった数値の出典を示します。

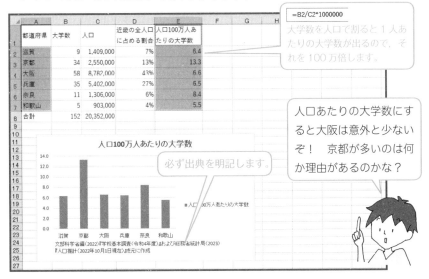

=B2/C2*1000000

大学数を人口で割ると1人あたりの大学数が出るので，それを100万倍します。

必ず出典を明記します。

人口あたりの大学数にすると大阪は意外と少ないぞ！　京都が多いのは何か理由があるのかな？

✔ 表の体裁を整えよう

セルの境界線は印刷されないので，罫線を入れて，体裁を整えましょう。

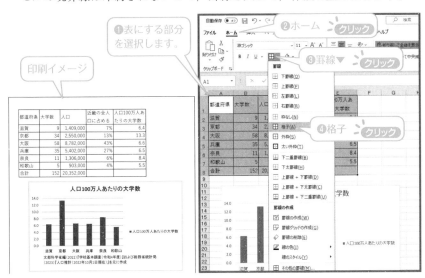

PowerPoint で発表資料を作ろう

 ## PowerPoint とは？

✔ スライド形式の発表資料が作れる

PowerPoint〔パワーポイント〕は，発表などで効果的な，スライド形式の資料を作ることができる，**プレゼンテーション**▶ソフトです。PowerPoint で作った資料を，スクリーンに映して授業を進める先生もいます。印刷すれば，ゼミ発表などのレジュメにすることもできます。

▶プレゼンテーション
自分が伝えたい情報を，言葉や資料などを使って，ほかの人に説明すること。ゼミ発表もプレゼンテーションの１つです。「プレゼン」ともいいます。

◻PowerPoint で作る発表用の資料の例

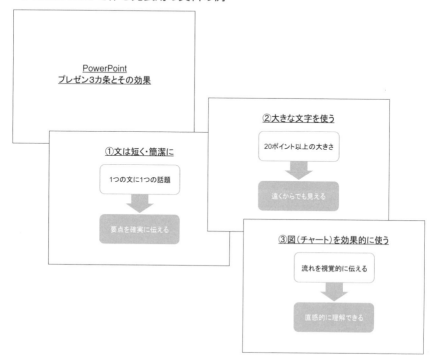

効果的な資料にするために

✔ 箇条書きをうまく使おう

　発表は話を聞いてもらうことが第一ですから，文章を読ませるような資料は向いていません。箇条書きなどをうまく使って，発表のポイントが一目で理解できるような資料を目ざしましょう。

PowerPointを使ってプレゼンをするときに、何よりも大切なのは、①文を短く・簡潔にする、②文字を大きくする、③図(チャート)を効果的に用いる、ということです。

 箇条書きにすると…

PowerPoint　プレゼン3カ条

①文は短く・簡潔に

②文字を大きく

③図(チャート)の効果的使用

読みやすくなりました。

✔ 図やチャートを用いて視覚的に伝える

　PowerPoint では，図やチャートが簡単に作れます。複数の事柄の関係や，物事の流れなどは，図やチャートで示すと分かりやすくなります。伝えたい内容に応じて，いちばん分かりやすい方法を選びましょう。

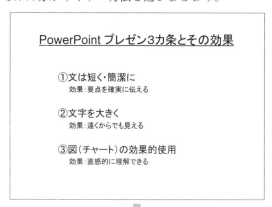

内容を効果的に示すことができます。

✔ 情報を詰め込みすぎない

　情報を詰め込みすぎると，ポイントが分かりづらくなります。全体を把握してもらいたいのであれば，細かい情報は削除し，詳しく説明したいのであれば，複数のページに分割しましょう。

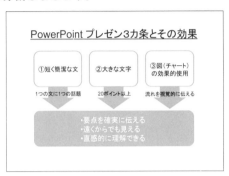

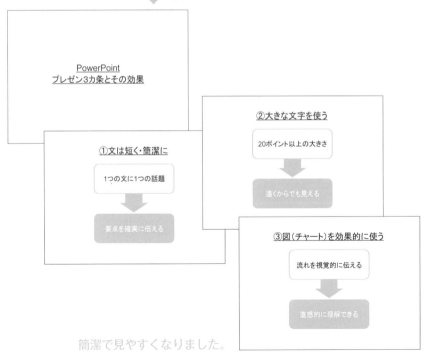

ネット上のコミュニケーション術

 ## メールを活用しよう

✔ コミュニケーションの方法を使い分ける

　高校までは，自分をよく知る人とのコミュニケーションが中心ですが，大学生になると，人間関係が広がります。また，高校までの先生と異なり，**大学の先生**は，数百人の学生を相手に複数の授業を担当することもあります。連絡をするときは，相手の状況や相手との関係性を考慮し，ていねいに伝えることを心がけましょう。文面とともにツールの使い分けも重要です。

▶大学の先生
1つの大学だけでなく，兼任講師（非常勤講師）として，複数の大学で教える先生もいます。

❏SNS（チャット機能）とメールの違い

SNS（チャット機能）		メール
なし。	件名	用件を一言で示す。
いきなり用件を書く。	本文	宛名と自分の所属・名前をはじめに書く。
短文のやりとりが多い。会話に近い。		ひとまとまりの文章を書ける。手紙に近い。
カジュアルで，気軽なやりとり。	適した場面	フォーマルで，ていねいなやりとり。
受信した内容を見ると，相手に「既読」だと伝わるものが多い。	受信後の確認	受信した内容を見ても，送信者には伝わらないので，返信をする。

✔ メールのマナー

　レポートの提出や研究室訪問のアポイントメントなどのために先生にメールを送るときは，マナーに気をつけましょう。携帯電話から送るときは，相手がパソコンで読むことを考えないと，読みづらいメールになってしまいます。特に注意しましょう。

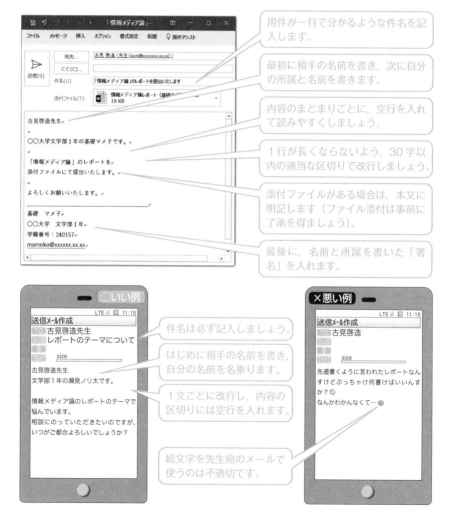

用件が一目で分かるような件名を記入します。

最初に相手の名前を書き，次に自分の所属と名前を書きます。

内容のまとまりごとに，空行を入れて読みやすくしましょう。

1行が長くならないよう，30字以内の適当な区切りで改行しましょう。

添付ファイルがある場合は，本文に明記します（ファイル添付は事前に了承を得ましょう）。

最後に，名前と所属を書いた「署名」を入れます。

件名は必ず記入しましょう。

はじめに相手の名前を書き，自分の名前を名乗ります。

1文ごとに改行し，内容の区切りには空行を入れます。

絵文字を先生宛のメールで使うのは不適切です。

SNS でのコミュニケーション

✔ 肖像権って何？

　写真は，日常生活だけでなく，実習や実験，資料保存など，大学での学習にも役立ちます。ただし，人の顔を正当な理由なく撮影し，インターネット上などで勝手に公開してはいけません。肖像権とは，人がこのように撮影されたり利用されたりするのを拒絶する権利と，利用の際に生じる財産を請求する権利のことです。

▶ プライバシーの侵害
オンライン授業の様子をスクリーンショットなどで保存し，それを拡散する行為も同様に，プライバシーを侵害する行為にあたります。

✔ 物を撮るなら大丈夫？

　著作物の場合には著作権があります。書籍や映画，芸術作品などを私的利用以外の目的で，無断でコピーしたり，撮影したりしてはいけません。送信・公開して著作権を侵害しないよう，発行元などをたどって，著作者に目的を伝え，許可を得ましょう。

✔ 意外に匿名ではないネット空間

　名前や住所などの個人情報を出さなくとも，写真には撮影場所や時間の情報が付随している場合があります。SNS の場合，投稿された写真と文章の蓄積から，個人を特定される危険性もあるので，十分注意しましょう。

▶ SNS の公開設定
友人以外を「非公開」設定にしても，友人が「引用」して投稿する可能性があります。

✔ ネットに出せば世界中で見られる

　写真でも文章でも，ネット上に情報を出す際は，本当に出しても大丈夫かと自問することが大切です。ほかの人の情報であれば，なおさらでしょう。その上で送信・公開するなら，ネットでのコミュニケーションは，便利で有意義なものになるはずです。

大学生の
基礎知識

大学生活 Q&A

Q1　時間割はどうやって決めたらいいですか？

Q2　単位は１・２年生のうちにたくさん取っておくべきですか？

Q3　単位が取れるかどうか不安です。

Q4　空き時間はどうやって過ごしたらいいですか？

Q5　教科書はすべて買うべきですか？

Q6　大学の先生には何と呼びかけたらいいですか？

Q7　授業についていけるかどうか不安です。

Q8　分からないことを先生に質問したいのですが。

Q9　先生の研究室を訪ねたい場合はどうしたらいいですか？

Q10　授業を休むときはどうしたらいいですか？

Q11　パソコンは持っていた方がいいですか？

Q12　友だちができるかどうか不安です。

Q13　何だかやる気が出ません。

Q14　悩みごとがあるときはどうしたらいいですか？

Q15　大学生活を有意義に過ごすコツは何ですか？

時間割はどうやって決めたらいいですか？

A　時間割は，優先順位に従って組んでいくことが大切です。履修のガイダンスや履修要項を参考にして，まずは必修科目から埋めていきましょう（資格を取る場合は，必要な科目が増えます）。その上で，卒業に必要な単位数が取れるように，空いている時間に興味のある授業を入れましょう。授業の詳しい内容は，シラバスで確認します。

 単位は１・２年生のうちにたくさん取っておくべきですか？

A　大学の勉強は，予習・復習をしたり，自分で調べたりしなければならないことが多く，授業時間以外に多くの時間を必要とします。ですから，あまり授業を詰め込みすぎると，１つ１つの授業が消化不良になってしまいます。多くの大学では，１年間に取れる単位に上限を設けるCAP制を導入しています。無理なく学習できるよう，４年間のバランスを考えて授業を選択しましょう。

 単位が取れるかどうか不安です。

A　課題や試験をきちんとこなせば，単位を取るのは難しくありません。授業によって評価基準はそれぞれなので，何が求められているのかを知っておきましょう。評価基準は，シラバスに載っています。「○○先生の授業が単位を取りやすい」といったうわさも聞こえてくるかもしれませんが，それを基準に選ぶより，自分の興味のあるものにやる気をもって取り組むのがいちばんです。

空き時間はどうやって過ごしたらいいですか？

A 高校までとは異なり，時間割の組み方によっては，空いた時間ができます。基本的には自由な時間なので，たとえば図書館で読書や予習をしたり，食堂やカフェで友だちと過ごしたりすることもできます。クラブやサークルの部室に行く人もいます。大学内でお気に入りの場所ができるといいですね。

 教科書はすべて買うべきですか？

A シラバスには，授業で使う教科書が記載されています。新学期には，学内の書店などに，教科書を売る特設コーナーが設置されることも多いので，できるだけその時期に買いそろえておきましょう。シラバスには，教科書以外にも参考図書があげられていることがあります。参考図書はたいてい図書館にあるので，図書館で読んでみてから，必要かどうか判断すればいいでしょう。

 大学の先生には何と呼びかけたらいいですか？

A 大学の先生には，教授・准教授・講師・助教など，さまざまな肩書きがありますが，呼びかけるときに区別する必要はありません。みんな「先生」で大丈夫です。メールを送るときも，書き出しは「○○先生」としておきましょう。

授業についていけるかどうか不安です。

A　大学に入ると，専門性の高い授業が増えます。授業のスタイルも高校までと違うので，はじめは戸惑うかもしれません。大学の授業は，学生が自発的に勉強することを前提にしています。授業前に教科書や入門書を読んでおけば，先生の話も理解しやすくなります。それでも疑問を感じたら，先生に尋ねてみましょう。分からないところをそのままにしないことが大切です。

 分からないことを先生に質問したいのですが。

A　先生は意欲ある質問を歓迎してくれます。授業中に質問の時間を設けている先生もいます。恥ずかしがらずに，どんどん質問してみましょう。授業のあとの場合は，次に授業がある先生もいるので，「質問があるのですが，お時間よろしいですか？」のように，まず先生の都合を尋ねましょう。先生の都合が悪ければ，アポイントメントを取って，研究室を訪ねます。

 先生の研究室を訪ねたい場合はどうしたらいいですか？

A　質問や相談で先生の研究室を訪ねたい場合は，まずアポイントメントを取りましょう。授業のあとに直接話しかけるか，メールや電話をし，用件を告げて，先生の都合を尋ねます。オフィスアワーといって，学生が研究室を訪ねるための時間帯を設定している大学もあります。研究室に入る前にはまずノックをし，所属と名前を伝えましょう。

授業を休むときはどうしたらいいですか？

A　大学は，自分の責任で授業を休むのも自由です。特に指示がなければ，事前に連絡する必要はありません。ただし，ゼミ発表などがあたっている場合は，休むと授業の予定がくるって迷惑です。休む場合は，できるだけ早く担当の先生に連絡をしましょう。出席を取る授業や，小テストのある授業を休むと成績に響きます。公欠や忌引きであれば，通常，届けを出せば，欠席扱いにはなりません。

 パソコンは持っていた方がいいですか？

A　学生にとってパソコンは必需品です。休講情報や試験情報を見るだけなら，スマートフォンでも事足りますが，入力や編集が必要なレポートやレジュメを作るのには，パソコンの方が圧倒的に便利です。また，オンライン授業では，授業用資料を表示できるよう十分な大きさの画面が必要です。学年が上がるにつれて，卒業論文作成や就職活動で利用頻度も増すので，早めに入手しましょう。

 友だちができるかどうか不安です。

A　大学では授業ごとにクラスが違ったり，ホームルームがなかったりするので，友だちができるか不安に思う人もいるかもしれません。しかし，その分，いろいろな人と出あえる機会があります。クラブやサークル，そのほかさまざまなことにチャレンジしてみましょう！

何だかやる気が出ません。

A　大学生活は，高校のときに比べ自由度が増し，その分不規則になりがちです。リズムが乱れると，集中力ややる気に影響します。毎朝，決まった時間に起きて，ご飯をしっかり食べ，身支度を整えるというリズムを作りましょう。ひとり暮らしを始めた人は，特に気をつけてください。それでもだるさを感じたら，学内の診療所などで受診してみましょう。

 悩みごとがあるときはどうしたらいいですか？

A　大学生活という新生活で，不安なこともあるかもしれません。心配ごとはひとりで抱え込まないで相談をしましょう。家族や友だち，先生や先輩など，身近な人に話を聞いてもらうだけで，気持ちが楽になることもあります。また，大学には「相談室」や「カウンセリングセンター」があります。生活上の問題でも精神的な悩みでも，気軽に相談をしてみてください。

 大学生活を有意義に過ごすコツは何ですか？

A　大学では，何を学ぶかも，どう過ごすかも，自分で決めることができます。留学やボランティア活動，読書や美術館・博物館めぐりなど，興味をもったことにどんどんチャレンジしてみてください。目標をもっていろいろなことに取り組めば，将来を決める何かに出あえるかもしれません。みなさんの学生生活が，充実した楽しいものになることを願っています。

大学生活は危険がいっぱい

18歳になると成人となり，「できること」が増えます。アルバイトなどで学校以外の世界も広がるでしょう。その一方，トラブルに遭遇する危険性も高まります。危険性があることには近づかないようにし，トラブルに巻き込まれたときには適切に対処できるよう，ふだんからの心構えが必要になります。

カルト

反社会的な宗教団体をいいます。まずふつうのサークルに見せかけて近づき，好意的な態度で親密な関係を築こうとし，そのあとセミナーや合宿に誘うなどの手口を使います。一旦取り込まれると，友人や家族との接触を禁じられるなど，社会生活に支障をきたします。

対策 おかしいと思ったらはっきりと断りましょう。かかわってしまったときは，大学の相談窓口を利用しましょう。

盗難

大学のキャンパスで，置き引きなどの盗難事件が起こることがあります。教室や図書館，食堂などで，荷物を置いて席を離れたわずかな隙がねらわれます。

対策 貴重品は必ず携帯し，荷物を置いたまま席を離れないようにしましょう。被害にあったら大学の窓口に報告しましょう。

ブラックバイト

深夜の割増賃金がない，シフトが強制される…。金銭や労働環境などに関して，労働法に違反したり，労働者との取り決めを守らなかったりする雇用先でのアルバイトを指します。

対策 賃金や規則は始める前に書面で確認します。始めてからおかしいと感じたら，法律を調べ，友人や親，大学に相談しましょう。

飲酒

20歳未満の飲酒は違法です。20歳以上であっても，飲み過ぎるとアルコール中毒で死に至ることもあります。大学生は親睦会などでお酒に接する機会が増えます。酔ってふだんの感覚を失い，事故やトラブルに巻き込まれる危険性もあります。

対策 飲酒は適量を守り，無理に勧められても断りましょう。飲酒の強要はぜったいにしないようにしましょう。

麻薬・危険ドラッグ

これらの薬物は幻覚や快楽をもたらす一方，強い依存性や毒性があります。依存症になってしまうと，薬物なしではいられなくなり，治療にも長い時間がかかります。麻薬・危険ドラッグは，使用することも所持することも犯罪です。

対策 麻薬・危険ドラッグにはぜったいに手を出してはいけません。「やせる薬」などといって勧められることもあるので注意しましょう。

マルチ商法

商品を販売しながら会員を増やせば報奨金がもらえると言って，会員に大量の商品を買わせる商法です。会員になると，大量の在庫を抱えてしまうばかりでなく，新会員を増やすために身近な人を巻き込んでしまうことにもなりかねません。

対策 「誰でも簡単にもうけられる」といった誘いには乗らないようにしましょう。契約してしまったときはクーリング・オフ▶で解約しましょう（契約から20日間以内）。

訪問販売

訪問販売は販売員が家を訪れて，言葉巧みに高額商品を売りつける行為で，特にひとり暮らしの人がねらわれます。訪問販売には，街頭で声をかけて呼び止めるキャッチセールスやSNSなどで呼び出すアポイントメントセールスも含まれます。これらには，考える暇を与えず，その場で契約を迫るという特徴があります。

対策 相手にしないか，きっぱりと断りましょう。契約してしまったときはクーリング・オフ▶で解約しましょう（契約から8日間以内）。

▶クーリング・オフ
訪問販売や電話勧誘販売で申し込んだ契約を，一定期間内であれば無条件に解除できる制度。

架空請求

有料サイト利用料などの名目で請求書を送りつけ，金銭をだまし取る詐欺です。メールやウェブページのリンクをクリックすると有料サイトに登録したことにされる，ワンクリック詐欺も同種です。不用意に返信すると，かえって標的にされることがあります。

対策 身に覚えのない請求は無視しましょう（誤ってリンクをクリックしただけでは支払い義務は生じません）。悪質な場合は消費生活センターや警察に相談しましょう。

交通事故（自動車・バイク）

免許を取得し，自動車やバイクを運転するようになると，交通事故の危険がつきまといます。事故によって，自分だけでなく他人の人生をくるわせることもあります。危険な運転には刑事罰が科されます。飲酒運転は，するのはもちろん，させても罰せられます。

対策 交通ルールは必ず守り，運転するときはつねに危険性を意識して，慎重に慎重を重ねましょう。

交通事故（自転車）

自転車は道路交通法上，車両の一種です。交通ルールの違反には罰則が定められていて，二人乗り，信号無視，飲酒運転，携帯電話を使用しながらの運転などで検挙されることもあります。自転車事故で相手にけがを負わせた場合，数千万円の賠償に至ることもあります。

対策 スピードの出し過ぎや無灯火運転なども，ぜったいにしないようにしましょう。

ハラスメント

「嫌がらせ」を意味します。性差別的な言動によるセクシュアル・ハラスメント（セクハラ）や，教員がその立場を利用して行うアカデミック・ハラスメント（アカハラ），先輩・後輩などの上下関係を利用するパワー・ハラスメント（パワハラ）などがあります。セクハラでは，容姿や恋愛経験についての発言や，「男のくせに」といった言動も問題になります。また，異性に対してだけでなく，同性間で起こる場合もあります。

対策 自分の言動が相手に不快感を与えていないか，つねに気を配りましょう。ハラスメントにあったら大学のハラスメント相談窓口を利用しましょう。

大学用語集

あ

ICT 【あいしーてぃー】
情報通信技術のこと。情報の処理だけでなく，情報の活用や知識の伝達も重視する。

インターンシップ 【いんたーんしっぷ】
学生のうちに企業の中で働くという体験ができる制度。基本的に給料は支払われない。単位として認めている大学もある。

SPI 【えすぴーあい】
就職試験で企業が実施する筆記試験の一種。基礎的な学力テストと適性検査から成る。

エントリーシート 【えんとりーしーと】
企業が用意する専用の求人応募書類。学歴・資格欄のほかに，独自の質問項目が設けられている。主に志望動機や自己 PR について聞かれ，採用の第一次選考の対象になることが多い。

OPAC 【お（ー）ぱっく】
インターネットを通じて，図書館の蔵書検索ができるシステム。Online Public Access Catalog の略。大学によって，独自の名称がつけられていることがある。⇨ 63 ページ

オフィスアワー 【おふぃすあわー】
学生の質問や相談に応じるために，先生が研究室にいる時間のこと。この時間は，アポイントメントなしに気軽に研究室を訪問することができる。

オリエンテーション 【おりえんてーしょん】
新入生に対して，大学の仕組みやルールを説明すること。⇨ 8 ページ

オンライン授業 【おんらいんじゅぎょう】
ネット上で行われる遠隔授業。ウェブ会議システムを通じて参加する同時配信（双方向）型や，準備された動画を視聴するオンデマンド型に加え，オンラインと対面を組み合わせたハイブリッド型授業もある。

か

ガイダンス 【がいだんす】
はじめてのことに対して，説明や案内をする機会。「履修ガイダンス」など。

学位 【がくい】
一定の教育課程を修了するか，それと同等の業績が認められた人に授与される称号。大学を卒業すると「学士」の学位が得られる。ほかにも，「修士」，「博士」などの学位がある。⇨大学院

学生証 【がくせいしょう】
学生一人ひとりに配られる身分証明書。図書館の入館証も兼ねる場合が多い。

学生食堂 【がくせいしょくどう】
大学内にある学生向けの食堂。値段が安い上にメニューが豊富で，バランスのよい食事をとることができる。略して「学食」。

学籍（学生）番号 【がくせき（がくせい）ばんごう】
学生証に記されている番号。大学内での自分の ID 番号であり，試験やレポート提出の際に記入を求められることが多い。

学費 【がくひ】
大学で勉強をするのにかかる費用のこと。入学金や授業料のほか，教科書代など。

学割 【がくわり】
学生割引の略。学割証があれば，鉄道運賃などが割引になる。

学会 【がっかい】
研究成果の発表や研究者同士の交流のために，学問の分野ごとに組織される団体。その団体が主催する集会を指す場合もある。

科目等履修生 【かもくとうりしゅうせい】
その大学には属さずに，特定の授業だけを履修する人のこと。試験を受けて合格すれば，単位も得られる。ただし，所属大学の単位にはならない。⇨単位互換制度

CAP 制 【きゃっぷせい】
自習時間の確保などのため，1年，もしくは1学期間で取れる単位の上限を設ける制度。

キャリア教育 【きゃりあきょういく】
将来の進路を自分で選択・決定する能力や，社会人として自立するために必要な能力を養うための教育。

キャンパス 【きゃんぱす】
大学の建物や敷地，または大学そのもの。

休学 【きゅうがく】
病気や留学などのために，大学に在籍したままで，許可を得て一定期間大学を休むこと。

休講 【きゅうこう】
授業が休みになること。あらかじめ予定されている場合と，先生の都合で急に決まる場合がある。休講情報は，掲示板やインターネットで各自チェックが必要。⇨補講

教授 【きょうじゅ】
大学の先生の肩書きの1つ。研究・教育職の最高位。ほかに，准教授，講師などがある。

クラブ・サークル 【くらぶ・さーくる】
自由参加の課外活動。大学公認のものから，他大学と合同のものまで，規模はさまざま。

グループワーク 【ぐるーぷわーく】
数人でグループを作り，議論や作業をすること。主体的な参加が求められる。⇨ 93 ページ

掲示板 【けいじばん】
大学内に設置されている連絡用のボード。または，大学のウェブサイト内に設置されている特定のページ。急な休講情報や，レポート課題などもここに貼り出される。⇨ 9 ページ

研究室 【けんきゅうしつ】
学内の先生の私室。学問分野ごとの研究チームを指すこともある。

健康診断 【けんこうしんだん】
毎年，大学で行われる検診のこと。学生は全員受診する必要がある。

講義 【こうぎ】
大学の授業形式の1つ。比較的大人数で，先生の話を聞く授業。⇨ 11，12ページ

講師 【こうし】
大学の先生の肩書きの1つ。大学に所属し，校務も行う専任講師と，授業のみを行う兼任講師（非常勤講師）がある。後者の先生は，大学に研究室がないため，対面での相談は授業の前後に限られる。

コマ 【こま】
授業の数え方の単位。90（〜 105）分の授業1つを表す。

コンパ 【こんぱ】
親睦会のこと。ゼミやクラブ・サークルのコンパが代表的。「新歓コンパ」（新入生歓迎コンパ）や「追いコン」（追い出しコンパ：卒業・引退する人の送別会）などがある。

さ

再履修 【さいりしゅう】
単位が取れなかった授業を，もう一度履修することと。

GPA 【じーぴーえー】
成績評価方法の1つ。[（点数換算した評価×各単位数）の合計]÷総登録単位数で計算する。進級や卒業の基準にも用いられる。

実習 【じっしゅう】
大学の授業形式の1つ。実際に体験して学ぶ授業。スポーツ実習や看護実習，教員免許状取得のための教育実習，図書館司書資格取得のための図書館実習など。⇨11ページ

就職活動 【しゅうしょくかつどう】
将来働く場所を得るために行う活動のこと。就職情報サイトへの登録や企業説明会への参加から始まり，エントリーシートの提出や，筆記試験・面接試験を経て，内定が出るまでの過程の総称。「就活」とも呼ばれる。

集中講義 【しゅうちゅうこうぎ】
夏季などの長期休暇に集中的に行われる，短期間の講義。期間が短い分，密度の高い時間割となる。総時間が短いわけではない。

准教授 【じゅんきょうじゅ】
大学の先生の肩書きの1つ。教授に次ぐ立場で，2007年に助教授にかわり導入された。

奨学金 【しょうがくきん】
経済的な理由で勉学が中断されることのないように，無利子または有利子で貸与されるお金のこと。大学独自のものや，「日本学生支援機構」や「あしなが育英会」などの諸団体によるものがある。経済状況にかかわらず，優秀な学生に対して支給される奨学金もある。

助教 【じょきょう】
大学の先生の肩書きの1つ。2007年に導入。

除籍 【じょせき】
授業料未納などで，学籍を取り消されること。

シラバス 【しらばす】
その年に開講される授業の内容や計画が詳しく載っているもの。冊子やオンライン版など，形態は大学によって異なる。時間割を決めるときに参照する。⇨10，92ページ

成績証明書 【せいせきしょうめいしょ】
大学での成績を証明する書類。大学院への進学や就職の際に必要となる場合がある。これ以外にも，大学が出す証明書として，在学証明書や卒業証明書などがある。

成績表 【せいせきひょう】
これまでに履修した授業の成績や，単位修得状況をまとめたもの。

ゼミ 【ぜみ】
大学の授業形式の1つ。先生の指導のもと，少人数の学生が発表や討論をし合う参加型の授業。ゼミナールの略。「演習」と呼ばれることもある。⇨11，70ページ

卒業論文 【そつぎょうろんぶん】
大学での学習の集大成として提出するレポート（ただし，必要とされない学部・学科もある）。略して「卒論」。

た

退学 【たいがく】
在学中に大学をやめること。大学側から強制的にやめさせられる場合もある。

大学院 【だいがくいん】
学部での研究を深めるために進学する機関。修士課程（マスター・コース）と博士課程

（ドクター・コース）がある。進学のために
は試験があり，学部のときとは違う大学の大
学院を受験することもできる。🔲学位

大学祭 【だいがくさい】
大学のお祭り。クラブ・サークルの出しもの
や，講演会・コンサートなどが行われる。一
般の人も参加できる。略して「学祭」。

単位 【たんい】
学習量を，学習時間を基準として換算したも
の。進級や卒業の認定に用いられる。1学期
間の授業（14～15回）で2単位を得られ
るのがふつう。🔲10ページ

単位互換制度 【たんいごかんせいど】
大学間の協定に基づいて，他大学の授業を履
修して取得した単位が，自分の大学の単位と
して認定される制度。

TOEIC 【とーいっく】
国際コミュニケーションのための，英語能力
の検定試験。ビジネスに際した英語スキルを
はかるのに用いられている基準。

TOEFL 【と（ー）ふる】
英語を母国語としない人を対象とした，英語
能力の検定試験。

は

PowerPoint 【ぱわーぽいんと】
マイクロソフト社のパソコンソフト。スライ
ド形式の資料を作成し，スクリーンに映し出
せるため，プレゼンテーションによく用いら
れる。講義で使う先生も多い。🔲108ページ

必修科目 【ひっしゅうかもく】
所属学部・学科において決められている，必
ず履修すべき科目。この科目の単位を取って
おかないと卒業できない。🔲10ページ

プレゼンテーション 【ぷれぜんてーしょん】
自分が伝えたい情報を，言葉や資料などを
使って，ほかの人に説明すること。プレゼ
ンと略される。ゼミ発表はプレゼンの1つ。
🔲108ページ

補講 【ほこう】
休講になった分を補うために，別の日に行わ
れる授業。🔲休講

履修登録 【りしゅうとうろく】
自分が受けたい授業を登録すること。登録し
ないと単位認定されない。🔲10ページ

留学 【りゅうがく】
外国に学びに行くこと。海外の大学と留学生
受け入れの協定を結んでいる大学も多い。

留年 【りゅうねん】
必要な単位数を満たさなかったり，必修科目
の単位を落としたりして，卒業や進級ができ
ないこと。

履歴書 【りれきしょ】
学歴・職務経歴や人物像，志望動機などを書
いた書類。企業採用やアルバイトなどの求人
に応募するときに用意する。

レジュメ 【れじゅめ】
授業で配付される，内容を要約したプリント。
ゼミ発表のときは，学生が用意する。レジメ
ともいう。🔲71ページ

レポート 【れぽーと】
調査・研究の報告書。授業内容や調べたこと
をまとめたり，根拠に基づいて自分の主張を
述べたりしたもの。🔲34，86ページ

大学生　学びのハンドブック［6訂版］

2008年11月25日	初版発行	定価はカバーに
2011年11月30日	改訂版発行	表示しています
2015年3月10日	3訂版発行	
2018年1月25日	4訂版発行	
2021年2月10日	5訂版発行	
2024年3月10日	6訂版第1刷発行	

編　者　世界思想社編集部

発行者　上　原　寿　明

世界思想社

京都市左京区岩倉南桑原町56　〒606-0031
電話 075(721)6500
振替 01000-6-2908
http://sekaishisosha.jp/

Ⓒ 2008, 2011, 2015, 2018, 2021, 2024 Sekaishisosha Printed in Japan

（印刷 太洋社）

ISBN978-4-7907-1791-1